현용기록 : 생산과 관리

Organising and Controlling Current Records

고선미 역 | 한국국가기록연구원 감수

진리탐구

현용기록물 : 생산과 관리

옮긴이　고선미
감　수　한국국가기록연구원
펴낸이　방 은 순
펴낸곳　도서출판 진리탐구

초판 1쇄　인쇄 2006년 11월 15일
초판 1쇄　발행 2006년 11월 20일

주　　소　서울특별시 마포구 도화동36
　　　　　고려아카데미텔Ⅱ 1313호 (121-876)
전화번호　02) 703-6943, 4
전송번호　02) 701-9352

출판등록일　2004년 06월 11일
출판등록번호　제 313-2004-000148호

ISBN 89-8485-143-4

※ 잘못된 책은 바꿔드립니다. 가격은 표지에 있습니다.

한국국가기록연구원이 ICA와 협력하여 국제기록관리 IRMT가 개발한 교재를
한국국가기록연구원이 번역한 것입니다. 따라서 한국어판 저작권은
한국국가기록연구원이 소유하며 출판권은 도서출판 진리탐구에 있습니다.
이 책에 있는 어떤 내용도 허락없이 사용하거나 복사배포하는 것을 절대 금합니다.
(모든 저작권은 보호받습니다.)

발간사

지금으로부터 7년 전 한국국가기록연구원이 출범하였다. 지난 시간을 회고해보면 아쉬움도 있고 또 앞으로 해야 할 일도 산적해 있다. 그러나 한편으로는 나름대로의 뿌듯함을 느끼기도 한다. 시민기록문화전, 기록문화 시민강좌 개설, 심포지엄, 한림기록문화상 제정, 한국기록학회 조직, 월례발표회, 한국기록관리학교육원 개원 등등, 모두가 우리의 기록문화 발전에 초석이 될 것임은 분명하다.

연구원의 출범과도 무관치 않지만 우리의 기록문화에 또 하나의 이정표라고 할 수 있는 것은 기록물관리법령의 제정이다. 법령의 제정으로 이제 우리도 현대적 기록관리체제에 들어갔다고 말할 수 있게 되었다. 그러나 법령의 제정이 바로 실시로 이어지지는 않는다. 죽어 있는 법령이 얼마나 많은가. 새로운 법령이 제정되면 이에는 크고 작은 '저항과 편승'이 있기 마련이다. 새로운 기록관리법령에 대한 '저항'은 현재 법령상 존재해야 할 자료관의 설치 실태만을 보아도 잘 알 수 있다. 새로운 법령에는 공공기록물은 전문가(기록물관리전문요원, 아키비스트)가 관리하게 되어 있고 이들 전문가의 자격 요건도 규정되어 있다. 이에 몇 년도 안된 사이에 많은 대학에서 기록관리학 대학원과정이 신설되었다. 물론 모두가 기록관리분야 전반을 위해서는 발전적인 변화이다. 그러나 그 내실을 보면, 즉 교수, 교재, 참고도서, 실습실 등의 면에서 보면 부실하기 짝이 없는 경우도 있다. 이는 새로운 법령에 대한 '편승'이라고 할 수 있다.

그러나 '저항과 편승'을 탓하고만 있을 수는 없다. 사실 '저항과 편승'의 가장 큰 원인은 기록관리에 대한 이해의 부족일 것이다. 이를 위해 연구원은 과감히 ICA 총서시리즈를 번역하기로 결정하였다. 단순한 번역은 아니다. 권수로도 30권이 넘는다. 양도 양이거니와 여러 사람이 나누어 번역할 수밖에 없기에 통일성을 기하기가 무척 어려우리라 예상된다. 그럼에도 불구하고 한국 기록관리학의 기초를 놓는다는 심정으로 번역을 시작하였다.

본 총서시리즈는 국제기록관리재단(International Records Management Trust)과 ICA에서 공동으로 추진한 결과물로, 국제적으로 널리 이용될 수 있는 최선의 기록관리 업무 방식 도출을 목적으로 하였다. 또한 기록관리 전문가 외에도 체계적으로 기록학에 접근하지 못했던 사람들에게 학습모듈을 제공하려는 의도에서 만들어졌다. 이 때문에 기록관리시스템이 불

충분하거나 적절한 기록관리 교재와 교육인프라가 결핍된 국가에게는 유용한 교재가 될 것이다.

기록관리 분야의 실무와 학문이 발전일로에 있는 우리나라에서도 이 교재의 보급이 시급함은 물론이다. 앞으로 이 학습교재가 공공부문의 기록관리전문가를 위해서 뿐만 아니라 민간부문에서도, 그리고 아키비스트의 업무능력과 전문성을 높이는 데에서도 널리 활용되기를 바란다.

본인은 2000년 9월, 연구원을 대표하여 스페인 세빌리아에서 개최된 ICA총회에 참석하였다. 회의 규모의 크기에도 놀랐지만 개최국의 선진적 기록관리 및 보존에도 놀랐다. 아시아에서는 유일하게 1996년 중국의 북경에서 개최되었다고 하니 중국의 문화적 깊이를 보여주는 듯하다. 한국의 서울에서 ICA총회가 열릴 기록관리 선진국을 기대하며, 본 역서가 그런 기대에 일조하기를 바라마지 않는다.

본 역서를 내면서 감사드려야 할 분들이 있다. 먼저 한국국가기록연구원의 참뜻을 이해하여 저작권에 대한 비용을 과감히 포기해준 ICA 관계자 여러분들에게 감사의 뜻을 표하고자 한다. 또 상업성을 떠나 선뜻 출판을 맡아주신 진리탐구의 조현수 사장님 및 편집부 일동에게 진심으로 감사드린다. 마지막으로 그다지 좋지 못한 조건에도 불구하고 번역을 흔쾌히 맡아주신 번역자 여러분들에게 깊은 감사를 드린다.

김학준(한국국가기록연구원 원장)

역자 서문

2000년 기록학에 입문하여 동료들과 공부했던 소위 '기본교재'는 ICA의 공공부문 기록관리 시리즈(Management Public Sector Records)와 쉘렌버그(Schellenberg)의 『현대 기록관리(Modern Archives)』 그리고 미국 아키비스트 협회(Society of American Archivists)에서 발행한 기초시리즈(fundamental series)였다. 이를 통해 기록, 기록관리, 기록관리 방법론 등 기록학 원론에 접근하고자 하였다. 이때 가장 많이 듣고 논의했던 것이 쉘렌버그와 기록의 생애주기 전반에 대한 통제, 퐁(fond) 존중의 원칙이었다. 그리고 몇 년 뒤 듀란티(Duranti)와 베어만(Bearman), 기록연속체(record continuum) 개념과 호주의 DIRKS 매뉴얼, 출처의 전거제어와 기능적 분류체계 그리고 기록의 속성과 ISO 15489를 많이 접하고 있다. 이는 물리적 매체에 고정되어 있는 기록이 기계적으로 조합되는 논리적 객체인 전자기록으로 대체되는 환경변화에 조응하면서 기록에 대한 인식과 기록관리 방법론을 근본적으로 고찰하고자 한 결과가 아닌가 싶다.

최근 몇 년 사이 국내 기록관리 환경은 그 어느 때보다도 급격하게 변화하고 있다. 특히 중앙행정부처에서의 변화는 가히 충격적이다. 출처존중에 근간한 기록물분류기준표에 따라 (신)전자문서시스템을 이용하여 기록을 생산하고 2년 이내 자료관시스템으로 이관하는 기록관리체계(records management system)의 근간은, 정부기능을 계층화한 단위과제를 업무관리시스템을 통해 진행하고 업무가 종결되면 즉시 또는 2년 이내 기록관리시스템으로 이관하는 체계로 변모하고 있다.

이렇듯 업무환경과 기록생산 환경이 변화하면서, 기록의 구성-기록건(document), 기록철(file)-, 이관 및 관리대상 기록범주(과제관리카드, 문서관리카드, 메모보고, 일정관리, 지시사항 등과 속성정보, 유관정보 등)에 대한 인식, 정부기능연계모델 시스템(Business Reference Model System)으로 운영될 기능적 분류체계와 기록분류체계, 기록유형별 관리기준 수립운영, 보존기간에 대한 준칙운영 등 현용기록관리 실무가 더욱 정교해지지 않으면 안 되는 체계가 도입되고 있다.

전자기록 환경에서의 현용기록관리는 그 어떤 환경에서 보다 중요한 기록관리 영역이다. 그러나 모든 기관의 기록관리 환경이 동일하지는 않다. 특히 중앙행정부처에서 정부기능연계모델 시스템과 업무관리시스템을 도입하고 이에 조응할 수 있는 전자기록관리시스템을 구축하고 있는 작금의 상황에서는 더욱 그러하다. 이러한 현실에서 MPSR 시리즈는 공공기관의 종이기록을 대상으로 관리방법론을 제시하는 교육교재라는 한계를 갖고 있다. 그럼에도 불구하고 이 시리즈는 기관의 기록관리 제도와 운영환경을 검토하고 개선과제를 도출하는데 준거가 될 수 있을 것이다. 그런 의미에서 동료들에게 도움이 되길 바란다.

이 시리즈에서 현용기록관리에 대한 것은 『현용기록 : 생산과 관리(Organising and Controlling Current Records)』, 『현용기록물 관리 : 업무편람(Managing Current Records : A Procedures Manual)』, 『현용기록물 관리체계의 재구성 : 업무편람(Restructuring Current Records System : A Procedures Manual)』, 『업무체계분석(Analysing Business Systems)』 등으로 모듈, 업무편람, 사례연구 등 시리즈를 구성하는 전 영역에 걸쳐 있다. 이 중 『업무체계분석』, 『현용기록물 관리 : 업무편람』, 『현용기록물 관리체계의 재구성 : 업무편람』은 이미 번역, 발간되었고, 『현용기록 : 생산과 관리』는 현용기록관리의 가장 기본이 되는 모듈임에도 불구하고 이제 발간하게 되었다. 이 모듈은 전자기록 환경에 온전히 조응하지 못하고 있으나, 현용단계의 기록관리에 대하여 원론적으로 접근해 보고 각자의 현실을 연결하여 고민할 수 있는 단초를 제공할 수 있으리라 확신한다.

이 모듈의 제1, 2과에서는 기록과 기록관리에 대해 한 번 더 생각해보고, 제3, 4과에서는 기관의 현실을 분석하고 기록관리의 과제를 도출해 볼 수 있기를 바란다. 제5과 내지 제8과에서는 현용기록관리 요소와 이 가운데 이관 받아야 할 정보요소는 어떤 것이고 현용기록관리와 이후 기록관리기관에서의 기록관리 간의 차별성에 대해 고민할 수 있는 기회를 가질 수 있었으면 한다.

본 모듈 말미에는 역어와 원어를 병기하여 색인어를 두었다. 이는 오역에 따른 폐해를 줄여보고자 하는 선의에 따른 것이기도 하나 오역에 대한 책임을 조금이나마 덜어보고 싶은 소심함도 들어있다. 시리즈 역자들의 공통 번역어를 대체로 사용하고자 하였으나 문건(document)은 기록건으로, 문서철(file)은 기록철로, 문서과(record office)는 기록실로, 기록물(record)은 기록으로 통일하였다. 그러나 기존에 발간된 부분은 부득이하게 그대로 인용하였다.

고마운 얼굴들이 많다. 우선, 어설픈 번역초안을 읽고 의견을 준 국정홍보처의 강소연 연구사와 법원기록보존소의 최정애 연구사, 여러 가지로 꼼꼼히 챙겨준 이은영 선생에게 감사를 드린다. 더불어 성심을 다해준 진리탐구 편집진에게도 감사의 말씀을 전한다.

바람직한 기록관리제도를 안착시키는 대장정에서 언제나 용기를 북돋워주시는 은사님, 현장에서 나 홀로 버티고 있을 동료들, 그 누구보다 내 삶의 든든한 버팀목이 되어주는 남편과 두 딸에게 이 책을 바친다.

2006년 11월 고선미

차례

들어가기   11

제1과 기록의 개념(The Concepts of Records)   17

제2과 기록통제의 개념(The Concept of Controlling Records)   41

제3과 기록관리체계의 인프라(The Infrastructures for a Records Management System)   63

제4과 바람직한 레코드키핑 체계 정립(Building Sound Record-Keeping Systems)   81

제5과 기록철시리즈 관리(Managing File Series)   107

제6과 기록철의 생산과 통제(Creating and Controlling Files)   145

제7과 기록건의 취급(Document Handling)   177

제8과 기록철 보유와 이용(Maintaining and Using Files)   195

제9과 이제 무엇을 할 것인가?(What to Do Next?)   219

도표차례

도표 1 :	기록관리부서의 위상	68
도표 3 :	기록철 분류체계의 요구사항	116
도표 4 :	단순한 알파벳 순 체계의 장점과 단점	117
도표 5 :	다계층 위계구조와 코드 반영 체계	120
도표 6 :	기록철시리즈 위계체계의 장·단점	122
도표 7 :	주제어 색인체계의 장·단점	125
도표 8 :	의미있는 문자코드에 기반한 분류체계	130
도표 9 :	전형적인 주제어 코드 기록철 참고	133
도표 10 :	분류 및 코드부여 체계-집행기록철	137
도표 11 :	분류 및 코드부여 체계-행정기록철	138
도표 12 :	색인어 간 관련성 위계표현	163
도표 13 :	관련성을 보여주고 알파벳순으로 정렬된 주제어	163
도표 14 :	코드번호순 주제어	165
도표 14(계속) :	알파벳순으로 코드번호를 병기한 주제어	167
도표 15 :	기록철등록부	169
도표 16 :	기록건접수대장	183
도표 17 :	송금대장	184
도표 18 :	기록건발송대장	188
도표 19 :	기록철 표지 견본	200
도표 20 :	기록철관리서식	203
도표 21 :	기록철 요청서	204
도표 22 :	기록철 인수인계 카드	205
도표 23 :	기록철점검서	208

들어가기

『현용기록 : 생산과 관리(Organising and Controlling Current Records)』 소개

이 모듈에서는 기록(records)과 기록관리(record management)를 정의한다. 업무의 효율성, 설명책임성(accountability), 법규에 기초하여 기록의 주요한 역할을 살펴보고, 기록에 기술된 의사결정이나 행위는 정확하고 믿을 만한 '증거(evidence)' 라는 점을 설명한다.

이러한 기록을 생산시점에서부터 통제하는 메커니즘과 실무를 상세히 서술한다. 이를 통해 기록을 확실히 보유하고 필요할 때 검색할 수 있을 뿐만 아니라, 기록의 다음 생애주기에서 대상 기록을 좀 더 효율적으로 보유할 수 있음을 설명한다.

또, 기록철과 그 구성단위인 기록건(document)에 주목한다. 이는 일상적인 행정업무를 수행하는 조직의 대표적인 기록 유형이 대부분 기록철과 기록건이기 때문이다.

『현용기록 : 생산과 관리(Organising and Controlling Current Records)』는 모두 9과로 구성되어 있다:

  제1과 기록의 개념(The Concepts of Records)
  제2과 기록통제의 원리(Principles of Records Control)
  제3과 기록관리체계의 인프라(The Infrastructure for a Records Management System)
  제4과 바람직한 레코드키핑 체계 정립(Building Sound Record-keeping Systems)
  제5과 기록철시리즈 관리(Managing File Series)
  제6과 기록철의 생산(Creating Files)
  제7과 기록건의 취급(Document Handling)
  제8과 기록철 보유 및 이용(Maintaining and Using Files)

제9과 이제 무엇을 할 것인가?(What to Do Next?)

제1, 2과에서는 기록과 기록관리의 이론적인 기초를 다루고, 제3, 4과에서는 기록관리 체계의 기초와 와해된 통제체계를 재구축하는 방법을 밝힌다. 제5과에서는 기록철을 운영하기 위한 요구사항을 검토하고, 분류 및 편철체계에 코드를 부여하는 조건을 확인한다. 제6, 7, 8과에서는 현용기록철과 문서에 대한 통제 메커니즘과 그 관리서식(control documentation)에 대해 상세히 살핀다. 제9과에서는 조직과 현용기록의 통제에 관해 더 많은 정보에 접근할 수 있는 방법을 제시한다.

각 과에서는 일반원리와 구체적인 실무를 다루어 다양한 실무조건 및 환경의 장, 단점을 인지할 수 있도록 한다.

이 모듈은 『업무체계분석(Analysing Business Systems)』, 『현용기록물 관리(Managing Current Records : A Procedures Manual)』, 『현용기록물 체계 재구축(Restructuring Current Records Systems : A Procedures Manual)』 등의 다른 모듈이나 업무편람과 관련된다. 이러한 모듈이나 편람을 통해 독자는 현용기록관리의 기본문제·원리·절차를 이해할 수 있다.

이 모듈에서는 지역이나 지방 또는 국가기관에서 생산되는 현용기록 특히 종이기록에 주목한다. 그러나 대부분의 정보는 민영기관(民營機關)에도 동일하게 적용될 수 있으며, 매체(media)나 형태(format)가 상이한 기록의 관리와도 관련된다. 전자적인 환경에서의 기록관리는 『전자기록물 관리(Managing Electronic Records)』에서 보다 심도 있게 다루고 있다.

학습목표와 성과

학습목표

이 모듈에는 5가지 기본적인 학습목표가 있다.
1. 기록과 기록관리의 개념을 설명한다.
2. 생애주기에 따른 기록관리의 원리와 실무에 대해 설명한다.
3. 레코드키핑 체계(record-keeping system)를 개선하거나 발전시키는 과정을 개괄한다.

4. 현용기록의 생산, 유지, 이용과 관련하여 최선의 실무절차를 수립한다.
5. 현용기록관리에 대한 보다 많은 정보를 확보할 수 있는 방법을 설명한다.

성과

이 모듈을 공부하면 다음과 같은 성과를 얻을 수 있다.
1. 기록의 기본 개념과 주요한 특성을 이해할 수 있다.
2. 시리즈와 이차적인 기록(secondary level records) 관리의 중요성을 인식할 수 있다.
3. 효과적인 기록관리체계의 기본적인 요구사항을 개괄할 수 있다.
4. 올바른 레코드키핑 체계의 수립단계를 개괄할 수 있다.
5. 분류 및 코드부여 체계를 수립하는데 주요한 논제를 이해할 수 있다.
6. 기록철을 생산하고 관리하는 주요절차를 인지할 수 있다.
7. 기록건을 관리하는 주요절차를 인지할 수 있다.
8. 기록철을 보유하고 이용하는 주요절차를 인지할 수 있다.
9. 현용기록관리에 대한 더 많은 정보를 획득하는 방법을 알 수 있다.

학습 및 평가방법

이 모듈은 공공기록관리 연구프로그램(The Management of Public Sector Records Study Programme)에서 주요한 부분으로, 다른 모듈의 주제를 이해하는데 기반이 되는 정보를 많이 담고 있다. 그러므로 이 모듈을 자세히 공부하고 가능한 한 [연습(activities)]을 완선히 익히는 것이 필요하다.

앞서 언급한 바와 같이, 이 모듈은 모두 9과로 구성되어 있다. 독자는 각 과마다 과제를 읽고 생각하는데 충분한 시간을 할애해야 한다.

제1과   8시간
제2과   20시간

제3과	20시간
제4과	20시간
제5과	25시간
제6과	20시간
제7과	15시간
제8과	15시간
제9과	7시간

각 과 말미에는 주요 논점을 요약하고 있으며 마지막 제9과에는 부가적인 정보원을 수록하였다.

또 본문 내용에 대한 이해를 증진시키기 위해 각 과마다 [연습]을 두었다. [연습]은 '스스로 평가해 보는' 과제이다. 여기에 정답이나 오답은 없다. 오히려 [연습]을 통해 스스로 학습하거나 실무에 적용할 수 있도록 기획하였다. 독자가 기록관리 조직에 소속되어 있지 않거나 이 모듈을 독학하는 경우라도, 가능한 한 가상의 상황을 설정하여 [연습]을 완성한다. [연습]에 뭔가를 기재할 때는 되도록 요점만 간단히 정리한다. 이는 평정하기 위한 시험이 아니고 다만 이 모듈의 정보를 독자가 이해하는데 충분한 시간을 투자하도록 독려하려는 것이다. [연습]을 해결할 때는 실제로 종이에 답을 적어보고, 이를 모아 두는 것이 좋다. 이는 각 과의 [연습]이 다른 과나 다른 모듈의 [연습]을 고민할 때 참고할 수 있기 때문이다. 각 과 말미에는 독자가 습득한 것을 스스로 평가할 수 있도록 [연습]에 대한 조언도 담았다.

각 과에는 [요약]과 혼자 풀어보는 [학습문제]도 있다. [학습문제]는 말 그대로 점수를 매기기 위한 것이 아니라 모듈의 내용을 스스로 검토할 수 있도록 고안되었다. 실제로 평정이 필요한 기관에서 교육과정으로 이 모듈을 채택하는 경우에는 별도 과제나 시험 등 정규 평가를 포함시킬 수 있다.

보충자료

이 모듈은, 독자가 기록실(records office), 기록관(records centre), 기록관리기관(records and archives institution)에 소속되어 있거나 기록관리와 어떤 연관을 갖고 있을 것이라고 가정하여 기술하고 있다. 따라서 독자는 [연습]을 통해 개인의 경험과 본문의 정보를 비교할 수 있다.

만약 독자가 그런 시설을 이용하지 못하는 경우에는 가상의 상황을 설정하거나 기록관리를 담당하는 친구나 동료와 함께 이 모듈에서 밝히고 있는 원리와 개념에 대해 논의하고 독자가 스스로 이해하고 있는 사항과 대조해 볼 수도 있다.

업무편람

앞서 언급한, 『현용기록물 관리 : 업무편람(Managing Current Records: A Procedures Manual)』에서는 이 모듈과 관련된 바람직한 절차나 실무를 상세히 다루고 있으므로 참고하라. 또 『현용기록물 체계 재구축: 업무편람(Restructuring Current Records Systems: A Procedures Manual)』에서는 기록관리체계가 제대로 운용되지 않거나 붕괴되는 상황을 인지하는 방법이나 절차에 관한 정보를 기술하고 있으므로 참고하라.

사례연구

MPSR 시리즈에는 기록관리의 주제별 사례연구가 들어 있다. 특히 아래 사례연구는 현용기록관리에 대한 것으로, 독자는 이를 모듈 전반에 참고하고자 할 수도 있다.

사례연구:

- 7: Andrew Evborokhai, The Gambia, 'Development of a Records Management Programme in The Gambia'
- 14: Cassandra Findlay, Australia, 'Development and Implementation of the Immigration Department's New International Traveller Movements System'
- 21: Setareki Tale, Fiji, 'Improving Records Control and Storage in Papakura'
- 25: Ann Pederson, Australia, 'Scheduling the Records of the Wagga Wagga Outpost of the New South Wales Forestry Commission'
- 28: Ann Pederson, Australia, 'Management Case Study: Revising the Record-keeping Programme for the Widget Manufacturing Company'

제1과

제1과 기록의 개념(The Concepts of Records)

이 과에서는 기록의 핵심개념에 대해 서술한다. 기록의 사회내 역할[1]에 대한 최근 국제동향과 더불어 기록의 주요특성을 확인하고 기록관리의 일반원리를 소개한다. 논의주제는 다음과 같다.

- 기록의 중요성
- 증거로서의 기록
- 기록의 가치
- 기록의 주요특성
- 기록의 생애주기(life-cycle)와 연속체(continuum) 개념
- 기록관리의 일반원리
- 기록의 이용자

1. 기록의 중요성(The Importance of Records)

기록은 조직운용에 필수적이다

어떤 정부조직이나 기업에서도 활동에 대한 기록을 작성하지 않고는 존속할 수 없다. 모든 사안의 추이를 오직 기억에만 의존하여 추적하는 사무실은 성공적으로 운영될 수 없다. 어떤 행정조직이라도 기록이 없으면 금방 삐걱거리게 될 것이다. 기록과 무엇보다도 그 안에 담긴 상세정보는 조직을 효율적으로 운영하는데 필수적인 재원이다. 어떤 조직도 재정, 인력, 물자(material supplies)가 없으면 유지되지 못하듯이, 정확한 기록을 이용 가능하도록 보유하지 않으면 안 된다.

---

[1] [역자 주] 사회적 속성(이승억 역, 『기록의 이해』, 진리탐구(주), 2004, 45쪽 참고)

> **[연습 1]**
>
> 독자는 기록의 중요성에 대해 나름대로 생각하는 바를 적어도 5가지 이상 써보라. 조직운영에 기록이 어떤 역할을 하는가? 또, 시민(citizens)에게는 어떤 이득이 있는가?

조직의 업무활동(business activities) 맥락에서, 기록은 다음과 같은 역할을 한다.

- 집합적 기억(corporate memory) 제공
- 정책입안
- 적절한 의사결정
- 효율성, 생산성, 일관성(consistency) 제고
- 법규 요구사항(requirements) 준수
- 조직의 이익과 직원 및 고객 보호
- 의사결정 및 집행과 관련한 증거망실에 따른 위험도 최소화
- 활동 및 과업성취 규명

공공부문에서 기록은 민주주의 개념의 기반이다. 기록된 정보는 인권보호, 법규, 공정하고 동등한 시민처우를 지탱하는 버팀목이다. 국민은, 정부의 의사결정이나 집행에 대하여 신뢰할 만하고 정확한 증거로 작성된 기록을 정부에서 당연히 보유하고 있으리라 믿는다.

기록은, 국민을 대신하여 거둬들인 수입이 국민에게 이익이 되는 방식-보건(health), 교육, 여타 서비스-으로 사용되는지 판단할 수 있는 근거이다. 또한 토지 소유권이나 연금권과 같은 국민의 권리도 토지등기부나 인사기록에 기재된 내용을 통해 보호된다. 시민의 권리가 변호되지 못하는 상황에서 기록마저 없으면 법적 보상을 받을 수 있는 기회는 없다.

(1) 증거로서의 기록(Records as Evidence)

증거가 되는 기록이 없으면, 어느 정부나 조직에서도 그 활동(activities)을 설명하지 못한다. 이러한 설명책임성은, 공무원이 인지한 사항이나 시점, 수행행위와 그 성과를 증거할 수 있

을 때 완수된다. 기록은 법(law), 규정(rules), 절차(procedures)에 따라 작성된다. 신뢰할 만한 기록을 통해, 지위남용, 재원오용, 재무규정 위배 등을 확인한다. 조사자는 기록에 근거하여 사기(詐欺)를 입증하고 부패의 뿌리를 캘 수 있다. 따라서 기록을 잘 관리하면 사기를 예방하게 되므로 부패나 고발처리에 소요되는 비용보다 그 효과가 높다.

> *기록은 국가의 정체성(nation's sense of identity)을 유지하는데 도움이 된다*

또한, 기록은 국가의 집합적 기억을 보존한다. 영속적인 가치(permanent value)를 갖는 기록은 영구보존기록(archives)으로 관리되어 역사의 일면을 확실히 증거한다. 기록은 사람들에게 그들의 정체성을 일깨워 준다; 기록은 국가의 기록된 기억이다.

그러나 조직이 운영된다고 자동적으로 기록이 생산되는 것은 아니다. 기록이 생산되더라도 보유가치에 상응하는 기간 동안 반드시 접근과 이용이 가능한 것만도 아니다. 따라서 조직에서는 기록의 생산과 보유를 확실히 할 수 있는 전략과 절차를 개발하여 필요할 때 기록을 이용할 수 있도록 해야 한다. 이것이 기록관리의 기능 가운데 하나이다.

> *기록관리(Records management)* : 조직의 업무를 지원할 만한 정보를 생산해내는 일반 행정관리 영역에서 생애주기 전반에 걸쳐 기록을 효율적이고 경제적으로 생산·보유·이용·처리하는 활동임

> *기록관리는 이용하고자 하는 바로 그 기록을, 바로 그 사람에게, 바로 그 때, 가장 저렴한 비용으로 제공하는 데 그 목적이 있다.*

기록체계(record system)가 붕괴되면 정부와 국민에게 엄청난 결과를 초래할 수 있으므로, 다음 사례를 살펴야 한다.

- 업무담당자(officials)가 의사결정을 하는데 기관의 기억에 따르지 않고 임기응변의(ad

hoc) 여타의 것에 영향을 받는다.
- 부정행위를 입증할 만한 의미있는 보고나 실무흔적을 찾지 못한다.
- 정부활동이 투명하지 않다.
- 국민이 그들의 권리를 지키지 못한다.
- 국민이 정치과정에 합법적으로 참여하지 못한다.
- 국가의 집합적 기억이 훼손된다.

오늘날에는 데이터와 정보가 종이나 전자적인 형태로 대량 생산되고 있다. 따라서 기록에서 신뢰할 만한 업무사안의 증거를 포착하여 이용하되 더 이상 필요치 않을 때에는 효과적으로 처리할 수 있어야 한다.

전자적인 환경에서 증거를 보존하는 지침에 대해서는 『전자기록물 관리(Managing Electronic Records)』를 참고하라

(2) 기록의 정의(Defining Records)

[연습2]
독자는 나름대로 기록을 정의하라. 기록과 정보의 차이는 무엇이라고 생각하는가?

기록의 물리적인 형태는 종이문서, 기록철, 대장, 지도, 사진, 마이크로필름, 전자적인 형태의 데이터 등 다양하다. 그러나 기록의 정의가 이러한 형태에 좌우되는 것은 아니다. 사실상, 컴퓨터에 담겨진 기록은 전자적인 데이터가 논리적으로 조합된 것으로 물리적인 형태가 없다. 그렇지만, 이 또한 기록이다. 기록은 업무활동의 산물(産物)이다. 기록은 활동(activities)이나 사안(transactions)에서 생산되고 내용으로 해당 업무를 증거한다.

기록(Record): (공·사)조직이나 개인이 법적 책무나 업무를 수행할 때 형태나 매체와 관계없이 생산·접수·보유·이용하는 기록건(document)으로, 증거를 제공함

기록은 어떤 방식으로든 기록되어 보존되는 증거로, 다시 읽고 이용하고자 할 때 판독할 수 있으므로 사람의 기억과 별개로 정보를 전달한다. 기록은 궁극적으로 역사연구를 위한 어떤 가치를 갖게 되지만, 장래 연구자의 이해요구에 따라 생산되는 것은 아니다. 기록은 그에 반영되는 활동이나 사안 또는 책무에 따라 유지되고 향후 이용이나 업무계승자를 위해 보존된다.

> 기록이 다른 유형의 데이터나 정보와 구분되는 것은 바로 기록의 '증거적인(evidential)' 특성이다.

정보(Information) : 의사소통되는 지식임

데이터(Data) : 일반적으로 컴퓨터시스템에 정해진 적합한 방식으로 의사소통, 전환, 처리되는 정보의 표현물임. *주기(Note)* : '생(生) 데이터(raw data)'라는 용어는 처리되지 않은 정보를 말함

예를 들어, 출판된 자료는 업무활동에 중요한 정보가 되기는 하지만 그 활동의 증거가 되지는 못한다. 기록은 데이터 이상이다. 기록은 데이터나 정보가 활동이나 사안과 연계되는 의미와 맥락(context)을 제공한다. 기록은 활동이나 사안에 따라 생산되고 이를 기록한다. 오직 기록만이 업무행위를 증거한다.

이 모듈에서 '기록건'은 기록된 정보의 불연속적인(discrete) 하나의 단위이다. 이는 간행되기도 하고 하드카피나 전자적인 형태를 띠기도 한다. 따라서 기록은 지적인 존재이나 그 가운데는 (서신, 각서, 보고서, 컴퓨터 저장문서의 출력물 등) 물리적인 형태를 갖는 것도 있고 (컴퓨터에 전자적인 형태로 저장된 문서 등) 단지 지적으로만 존재하는 것도 있다.

기록건(Document) : 기록된 정보의 단위임

---

2. 기록의 주요 특성(The Essential Characteristics of Records)

기록은 실제 사건(happening)에서 유발(誘發)된 '고정된(frozen)' 그림을 담는다. 기록에는 특정 기능, 권한(authority), 장소, 시간적인 맥락에 따른 행위(action)를 그대로 담고 있다. 기록의 주요특성은 다음과 같다.

- 기록은 형식에 고정되어 변경되지 않는다.
- 기록은 공신력(authority)을 갖는다.
- 기록은 맥락 안에서 고유하다.
- 기록은 진본이다.

(1) 기록의 안정성(Records are Static)

기록이 생산되는 동안 기록건은 변화와 발전단계를 밟을 수 있다. 예를 들어, 회의록의 경우 초안을 위원들이 승인한다. 초안이 확정되거나 생산절차를 끝마치고 온전한 기록건으로 완성되면, 그 때 비로소 기록이라고 할 수 있다.

기록을 증거로 제공하기 위해서는 변경가능성을 없애고 고정시켜야 한다. 기록이 어떤 방식으로든 조작, 변경될 여지가 있으면, 원래 기록된 사안을 더 이상 증거할 수 없다. 만약 누군가가 승인된 회의록을 변경할 수 있다면 그 회의록을 해당 회의의 정확한 기록으로 간주할 수 없다.

그러나 회의록의 경우 특정 발전단계에서는 비록 초안(draft minutes)이기는 하지만 온전히 작성된 기록으로 간주되기도 한다.

> 기록은 안정적이다. 기록은 특정 시기, 특정 활동의 증거를 제공한다.

(2) 기록의 공신력(Records have Authority)

기록은 기록에 기재되어 있는 활동이나 사안의 '공식적인(official)' 증거를 제공한다. 기록은 믿을 수 있고 의심의 여지가 없어야 한다. 누가 기록을 생산하거나 접수하였는가, 어떤 권한에 따라 이뤄졌는가, 그 권한을 입증할 수 있는가 등 기록의 신뢰성은 생산과 직결된다.

회의록 초안과 최종 회의록(final minute)의 사례를 다시 생각해 보자. 위원회에서는 회의결과를 정확하게 회의록에 표현했는지 확인한다. 어떤 누구도 승인된 회의록을 변경할 수 있는 권한이 없다. 특정인이 수정한 회의록은 회의에 대한 그 사람의 관점을 입증할 수는 있으나 위원회가 승인한 '공식적인' 기록이 되지 못한다.

서명, 편지지 위쪽의 인쇄사항[2], 문장(紋章), 부서인(部署印)은 기록의 공신력을 확인할 수 있는 명백한 지시자(indicator)이다. 그러나 모든 기록에 부서인이나 문장이 날인되지는 않는다.

기록의 신뢰성을 보호하는 주요한 방식 가운데 하나는 기록을 지속적으로 보안 유지하는 것이다. 만약 기록관리자(records manager)가 공식 회의록을 편철하고 변경하지 못하도록 관리하면 다른 것은 공식 기록이 될 수 없다. 이를 통해, 공식 기록의 공신력은 온전히 유지된다.

> *기록은 공신력을 갖는다. 기록은 공식적인 증거를 제공한다.*

(3) 기록의 고유성(Records are Unique)

기록은 고립된 정보의 조각이 아니다. 기록은 특정 사안이나 업무과정에서 생산되기 때문에 의미가 있다. 기록은 이를 생산하는 개인이나 기관의 기능과 활동전반의 맥락에서 인식되어야 한다. 여타 기록과의 관련성 안에서 기록은 고유하다.

위원들이 이용하도록 회의록 사본 10부를 생산한 경우 그 회의록은 유일하지 않을 수 있으나 해당 조직의 맥락에서는 고유하다. 왜냐하면, 공식적인 회의록 사본(copy)은 그날, 그

---

[2] [역자 주] 기관명, 소재지, 전화번호, 전신약호 등

곳에서 위원들이 수행한 이벤트-회의-를 나타내고 있기 때문이다.

다른 맥락에서 기록의 사본이 고유할 수도 있다. 예를 들어, 위원회의 한 구성원이 지인(知人)에게 회의 자료를 가치가 있을 것이라는 주기(note)를 붙여 건넨다면, 이 자료는 새로운 기록이 된다. 이는 위원회의 한 구성원과 지인간의 사안으로 위원회와는 별개이다. 이런 이유로, 기록의 맥락(기록에 부여된 활동과 공신력)은 반드시 보존되어야 한다. 기록이 어떤 이유로 어떻게 생산되고 이용되었는가를 알 수 있어야만 기록의 내용 전체를 이해할 수 있다.

> *기록은 고유하다. 기록은 특정 행위나 사안과 관련하여 의미를 갖는다.*

(4) 기록의 진정성(Records are Authentic)

기록은 그 안에 담겨진 것이 무엇인지 입증할 수 있어야 한다. 기록의 진정성(authenticity)은 기록을 생산·접수·보유·이용하는 레코드키핑 체계를 통해 보증된다. 기록이 처음 전달되거나 보유된 그대로 현재에도 정확하게 유지되는 경우, 그 기록은 진본(authentic)이다. 현용되지 않는 기록철의 이용 및 보존전반에 대해서는 기록실에서 추적할 수 있다.

다시 회의록을 생각해 보자. 공식 회의록이 사실상 진본이라는 것을 입증하기 위해서는 그것이 생산되고 승인된 후 조직의 레코드키핑 체계에서 적절히 편철되었음을 밝혀야 한다. 기록이 진본이라는 것을 입증하는 절차가 없으면, 위원회의 구성원이 생산한 '비공식적인(unofficial)' 기록으로 인해 향후 공식 기록에 담겨져 있는 사실(fact)이 잘못 해석될 수 있다.

오늘날 기록은 일련의 체계 속에서 생산되고, 종이나 전자적인 형태를 포함한 다양한 매체에 저장된다. 개정본(version)이 상이한 매체로 여러 곳에 보관될 수도 있다. 오늘날, 컴퓨터와 같이 정교한 정보기술의 출현으로 직면하게 된 위험 가운데 하나는, 원래 기록이 전달하는 정보를 기록 자체에서 추출할 수 있게 되었다는 점이다. 전자적인 형태의 회의록 사본의 경우, 누군가 그 상이성을 지적하지 않고 원본을 변경하거나 대체할 수 있다. 앞의 예와 같이, 회의록의 새로운 개정본을 전자적인 기술로 생산할 수 있다. 결과적으로 그 어떤 것도 진정성을 보증할 수 없다.

또 다른 예를 들어보자. 정부부처에서는 건물이나 물리적인 설비의 보유를 책임진다. 이러한 책무의 일환으로 신사옥 건축계획을 수립한다. 또한 건물사진을 촬영하고 건축공정 회의록과 보고서를 생산한다. 이러한 자료가 모두 기록이다. 특정건물의 건축에 관한 전체 기록을 보유할 때, 설계도, 공정사진, 회의록은 기록으로서 의미를 갖는다. 정부부처의 업무와 관련한 전체 기록에서 분리되어 원본이나 맥락에 대한 정보 없이 각각 별개(single item)로 보존되는 자료(material)는 의미가 없다.

> 기록은 진본이다. 그 생산과 이용은 다양할 수 있다.

3. 기록의 품격(The Quality of Records)

기록된 증거(documentary evidence)인 기록을 생산, 유지하려면, 높은 품격과 완성도를 가져야 한다. 업무기능을 효과적으로 수행하고 설명하기 위해, 조직에서는 정확한 기록을 충분히 보존해야 한다. 정확한 기록이 충분하지 않으면, 업무담당자는 업무를 수행할 수 없다. 그리고 꼼꼼히 따져봐야 하는 업무, 조직의 재정적·법적·여타 권리행사, 행위나 의사결정으로 영향을 받는 고객 등을 보호하지 못할 수도 있다.

> 기록은 적절히 보유되지 않으면 앞서 언급한 4가지 특성을 유지할 수 없다.

신뢰할 만한 증거를 제공하기 위해, 기록은 정확하고 완전하며 종합적이어야 한다. 기록은 그 형태가 종이이든 전자적이든 다음과 같은 성격을 유지해야 한다.

- **종합성(comprehensive)** : 기록은 증거를 필요로 하는 모든 사안에 대하여 생산되어야 한다.
- **정확성(accurate)** : 기록은 관련 사안을 정확히 기술해야 한다.
- **완벽성과 유의미성(complete and meaningful)** : 기록에는 내용을 이해할 수 있도록 사안에 대한 정보가 상세히 기술되어야 하고, 그와 동일하게 기록이 생산되고 이용된 맥락, 기록의 구조(structure)나 물리적인 형태, 여타 기록과의 관련성에 대한 충분한 정보가 담겨 있어야 한다.

- **이해가능성과 이용가능성(understandable and usable)** : 기록으로 전달하고자 하는 정보를 추출할 수 있어야 한다. 그리고 정보의 손실 없이 기록을 이용할 수 있어야 한다.
- **진본성(authentic)** : 이미 기술하였듯이, 해당 기록이 바로 그 기록이라는 점을 입증할 수 있어야 한다.
- **불변성(unaltered)** : 기록과 관련한 사안이 발생했을 때, 고의적이든 우발적이든 기록의 정보가 삭제·변경·손상되어서는 안 된다.(즉 기록이 승인되지 않은 무단열람이나 이용에 방치되지 않도록 정확히 보유해야 함)
- **순응성(compliant)** : 기록은 규정이나 설명책임 요구에 근거한 감사추적(audit trail) 등 조직에 적용되는 요구사항을 준수해야 한다.

만약 기록이 충분하고 완벽하고 신뢰할 만한 진본이기 위해서는, 기록의 생산에서 궁극적으로 처리되는 시점까지 그 생애전체를 통제하는 체계로 관리되어야 한다.

기록의 통제에 대해서는 제2과에서 다룬다.

[연습 3]

독자는 앞서 언급한 기준에 부합되지 않는 기록의 두 가지 유형을 예시할 수 있는가? 아래 서술한 기록의 품격에 관한 사례를 두가지 이상 써 보라

> 종합성(comprehensive)
> 정확성(accurate)
> 충분성(adequate)
> 완전성과 유의미성(complete and meaningful)
> 이해가능성과 이용가능성(understandable and usable)
> 진본성(authentic)
> 불변성(unaltered)
> 순응성(compliant)

전자적인 환경에서의 이러한 기록의 품격에 대해서는 『전자기록물 관리(*Managing Electronic Records*)』를 참고하라

4. 기록관리의 일반원리(Principles of Records and Archives Management)

기록관리와 관련하여 오랫동안 유지되어 온 원리 가운데 하나는 퐁 존중(respect des fonds)의 개념이다. 원래 프랑스 용어인 퐁 존중은 종종 '기록 생산자 존중(respect for the creator of the records)'이라고 정의되기도 한다. 퐁 존중에는 두 가지 개념이 관련된다. 출처(provenance)와 원질서(original order). 출처는 기록이 만들어진 원(原) 부서(office of origin)를 말한다, 원질서는 사무실에서 생산되거나 보관된 기록건의 본래 순서와 조직(organisation)을 말한다.

> 퐁 존중(Respect des fonds) : 기록이나 영구보존기록(archives)의 생산자 존중. 출처와 원본질서 유지를 포함함
>
> 출처(Provenance) : 현용하는 동안, 기록을 생산 또는 접수하거나 보유하고 이용하는 조직이나 개인임
>
> 원질서(Original order) : 원 부서에서 생산, 정리, 보유되는 문서의 순서임

출처존중은 기록의 물리적 특성보다 개념적인 특성을 강조한다. 앞서 살펴보았듯이, 기록이 여타 정보유형과 구별되는 것은 기록의 물리적인 형태에 기인하기보다는 '증거적인' 속성(nature)에 따른 것이다. 또한, 출처는 기록에서 추출되는 기본적인 정보이다. 기록생산자나 이용하는 사람·장소·시기·이유를 알면 기록의 형태·주제·내용보다 검색하기가 용이하다.

> 아키비스트나 기록관리자는 기록을 수동적으로 수령하기 보다는 기록의 생산절차에 관여할 수 있어야 한다.

기록이나 기록의 물리적 속성이나 특성(characteristics)에 대한 연구는 충분하지 않다. 기록 전문가는 기록건이 생산되는 업무기능·활동·실무를 이해해야 한다. 아키비스트나 기록관

리자는 기록을 연속적으로 관리하는 맥락에서 기록의 생애주기 초반부를 관리할 수 있어야 한다. 예를 들어, 기록이 생산된 업무절차와 조응하지 못하는 분류체계를 기획하는 것은 유용하지 않다. 마찬가지로, 보존대상을 평가하고 식별하기 전에 보존기록관리기관(archival institution)에서 기록을 수령하기 위해 기다리는 것도 논리적이지 않다; 기록을 생산시점에 관리할 수 없을 때 평가는 더 이상 불가능하다.

(1) 기록 생애주기의 단계(Phases of the Life Cycle of Records)

기록의 생애주기와 연속체 개념은 모듈, 『공공부문 기록물 관리: 원리와 맥락(The Management of Public Sector Records: Principles and Context)』에서 상세히 개괄하고 있다. 현용기록을 조직하고 통제하는 방법을 이해하기 위해 생애주기를 구성하는 세 단계의 개념을 이해하는 것은 중요하다.

현용단계에서는, 기록을 업무수행에 정기적으로 사용한다. 그리고 생산된 곳에서 보유하거나 관련 기록실 및 등록소(registry)에서 기록철의 형태로 보관한다.

> *현용기록(Current records)* : 조직이나 개인의 현재 업무에 정기적으로 이용되는 기록. 활용기록(active records)이라고도 함. 현용기록은 일반적으로 원래 생산부서나 그 부근, 또는 등록소나 기록실에서 보관됨

준현용 단계에서는, 기록을 현재 업무와 관련하여 비록 그 활용빈도는 낮으나 여전히 이용한다. 이러한 기록은 기록관에서 보관한다.

> *준현용기록(Semi-current records)* : 현재 업무와 관련하여 요구빈도는 낮으나 참고되는 기록. 준활용기록(semi-active records)이라고도 함. 준현용기록은 최종적으로 처리되기까지 일반적으로 기록관이나 외부의 중간보관소에서 관리됨

비현용 단계에서는, 기록을 현재 업무에 더 이상 이용하지 않는다. 보존기록관리기관에서

는 다른 목적의 지속적인 가치(continuing value)가 없는 기록을 폐기하고, 영구보존기록을 계속 관리한다.

비현용기록(Non-current records) : 현재 업무에 더 이상 필요치 않은 기록. 비활용기록(inactive records)이라고도 함

생애주기 개념에 대해 더 많은 정보를 얻고자 한다면 『공공부문 기록물 관리: 원리와 맥락(The Management of Public Sector Records: Principles and Context)』을 참고하라

기록관리자와 아키비스트는 기록의 생애주기에 따른 모든 단계를 연속적으로 관리한다.
---

5. 기록관리의 목적(The Purpose of Records Management)

[연습 4]

이 연구 프로그램에서 얻은 정보에 기초하여 기록관리의 목적에 대해 이해하고 있는 바를 서술하라. 독자는 기록관리 프로그램의 장점을 세 가지 이상 서술할 수 있는가?

기록관리는 넓게 말해 조직운영 및 업무요구를 달성하고 해설책임이 있는 모든 업무과정에 '기록된 정보'를 제공하는 것과 관련된다. 원래 기록관리는 끝이 없다. 이는 업무활동 가운데 매우 주요한 부분이고, 넓은 의미에서 시대나 규모와 상관없이 조직이나 사회의 기능을 효과적으로 운영하는 기반이다.

> 기록관리는 조직을 효과적으로 운영할 수 있는 초석이다.

조직에서는 효과적으로 정보에 접근할 수 있어야 한다. 기록관리는 정책입안 및 의사결정, 업무수행 등 조직의 설명책임을 다하는 기본적인 활동이다. 기록관리절차에 따라 조직에서 사안의 증거를 포착하고 그 활동과 의사결정을 기술하여 이러한 증거에 접근할 수 있도록 대비한다.

조직차원에서의 기록관리는 기록을 생산·보유·이용·보존·처리하는데 효율적이며 비용효과를 높이는 활동이다. 이를 통해 조직에서는 업무를 수행하고 서비스를 제공하며, 규정 및 해설책임 요구에 부합하게 된다. 정보를 확충하고 공유하도록 하여, 선례(先例)나 조직의 경험을 잘 이용할 수 있도록 한다. 또한, 생산·접수·보존되는 기록의 양을 조직에서 통제할 수 있다. 즉 기록을 경제적으로 보유하는 것뿐만 아니라 현용체계에서 불필요한 기록을 제거하여 정보접근을 개선하고 운영효율을 증진시키고 최종적으로, 업무적 가치가 없는 기록을 회수하여 처리한다.

앞서 언급한 기록관리의 개념을 고려하여 그 목적을 다음과 같이 요약할 수 있다.

- 레코드키핑 체계를 기획하는 것에서부터 기록을 폐기하거나 보존기록관리기관으로 이관 하는 것까지 기록의 생애주기를 관리한다.
- 조직·직원·고객의 요구에 부합하여 그 이익을 보호할 수 있도록 서비스한다.
- 법규상 증거가 되는 설명책임 요구에 부합하기 위해 완벽하고 정확하며 신뢰할 만하고 이용 가능한 조직활동의 도큐멘테이션을 포착한다.
- 기록을 자산(resources)으로 관리한다.
- 건전한 레코드키핑 실무를 통해 효율성과 효과성을 제고한다.

통합적인(integrated) 기록관리 프로그램의 다양한 단계에 대해서는 『공공부문 기록물 관리 원리와 맥락(The Management of Public Sector Records, Principles and Context)』에서 다루고 있다.

(1) 레코드키핑의 개념(The Concept of Record Keeping)

'레코드키핑'의 정확한 의미는 무엇인가? 레코드키핑은 기록관리의 핵심기능이다. 이는 권리·의사결정·사안에 대한 공신력이 있고 완벽하며 신뢰할 만하고 정확한 증거와 자료를 보존하려는 요구에서 발전하였다.

> *레코드키핑(record keeping)* : 업무활동의 완벽하고 정확한 기록을 생산·보유하는 절차

업무활동의 일환으로 서신을 주고받으며 의사소통을 하는 경우 일반적으로 서신 원본은 생산 후 발송되고 그 사본(copy)을 보유한다. 접수자나 발송자 모두에게 이 문서는 활동의 증거로 효용이 있다. 레코드키핑에서는 이 서신을 근거가 확실한 진본 기록으로 보유하고 제공할 수 있도록 관리한다.

전화 통화나 회의 등의 업무활동에서는 기록이 생산되지 않는다. 비슷하게, 전자적인 사안이나 메시지로는 여기서 인지된 것과 같은 기록이 자동으로 생산되지 않는다. 이러한 경우 레코드키핑에서는 회의나 의사결정, 전자적인 사안을 기록하여 행위를 포착하고 그 증거를 보유하고 이용할 수 있어야 한다.

일반원리로 볼 때, 올바른 레코드키핑의 목적은 사람들이 요구할 만한 기록을 생산하도록 하는 것이라기보다 업무절차 자체에서 항상 기록을 생산, 포착하는 체계를 갖추는 것이다. 예를 들어, 통상적인 회의를 의사일정(agendas), 회의록, 관련 문서에 기록한다. 전자우편은 그 안에 담긴 내용과 맥락을 알 수 있도록 포착한다.

> *기록은 업무나 사안을 수행하는데 이용되는 체계(system)의 자연스러운 산물이다.*

> [연습 5]
>
> 독자자신이 스스로 기록하는 활동과 기록하지 않는 활동을 각각 세 가지만 들어보라. 그리고 각각의 활동목록을 작성하고 그러한 활동을 왜 하는지 또는 왜 하지 않는지를 생각해 보라. 독자는 그것을 왜 기록하는가, 왜 기록하지 않는가?

조직에서는 활동을 확실히 기록할 수 있는 구체적인 전략을 개발해야 한다. 기록의 생산과 레코드키핑은 조직문화의 일부분으로 직위고하를 막론하고 조직의 모든 직원이 집합적으로 책임져야 한다.

예를 들면, 업무담당자는 업무사안 수행과정에서 생산된 모든 기록을 확실히 레코드키핑 체계 안에서 포착해야 할 책임이 있다. 이는 업무과정에서 접수되거나 생산된 모든 문서를 확실히 편철하는 것이다. 마찬가지로, 기록담당자(records staff)는 올바른 기록이 적시에 사용될 수 있도록 확실히 책임진다. 기록 보존(care)과 관련되는 모든 사람은 분명하고 확실한 책임감을 가져야 한다.

종이문서, 전자기록 또는 혼합된 환경 그 어떤 현실이든, 레코드키핑 체계에서는 다음 사항을 확실히 통제할 수 있는 절차를 필수적으로 구비해야 한다.

- 기록의 생산
- 기록의 포착
- 기록의 완전성과 정확성
- 필요한 기록의 식별성과 추적가능성
- 기록의 접근성
- 보존기간 내 기록의 폐기불가
- 레코드키핑 기능에 대한 책임성

> *레코드키핑의 원칙적인 목적은 기록의*
> *생산·식별·조직·접근·이용·보유·보존·처리절차를 통제하는 것이다.*

레코드키핑의 요구사항은 이 모듈의 다음 부분에서 상세히 다룬다. 전자 환경에서의

레코드키핑 목적에 대해서는 『전자기록물 관리(Managing Electronic Records)』를 참고하라.

6. 기록의 이용자(Users of Records)

앞서 살펴본 바와 같이 기록은 행정이나 업무활동의 산물(産物)이다. 기록은 기록되는 활동의 산물로 그 활동을 증거한다. 기록은 집합적 기억을 제공한다; 기록은 과거에 있었던 의사결정·사건·사안에 대한 정보원(source of information)이다.

그러나 기록은 항상 그 기록이 생산된 목적을 위해 이용되는 것만은 아니다. 기록은 정부부서(government office)와 보존기록관리기관에서 보다 폭넓은 목적으로 이용된다.

- 정부에서는 법규를 유지하고 활동을 설명하며 국민의 이익을 확실히 보호하기 위해 기록을 관리한다.
- 잘 조직되고 정확하고 종합적인 정보에 기반하여 정책을 입안하고 의사를 결정하여 업무를 수행하기 위해서는 기록이 필요하다.
- 업무담당자와 행정가는 그들이 정책을 구상하여 국민에게 봉사하고, 재원을 관리하고 업무를 수행하기 위해 기록을 잘 조직하고 온전히 이용할 수 있도록 관리한다.
- 회계감사자(auditor)나 규정 입안자(regulator)가 재원이 공정하고 정직하게 이용되었는지, 프로그램과 처리절차가 제대로 수행되었는지, 기준에 부합하는지를 확인할 수 있도록 기록정보를 관리한다.
- 행정 감찰관(ombudsmen)이나 행정 '감시원(watchdogs)'이 의사결정과 행위가 공정하고 공평했는지를 확인하기 위해서는 기록이 있어야 한다.
- 사람들은 그들의 권리와 이익을 확실히 보호받고 정부업무처리에 참여하기 위해 기록정보에 접근할 수 있다.
- 역사가나 연구자는 과거사(過去事)의 증거로서 기록을 열람할 수 있다.
- 공동체에서는 오늘날의 사회가 과거와 연결될 수 있도록 특정기록을 영구보존하도록 요구한다.

기록은 실제 정부의 정책개발에서부터 지역사 연구까지 매우 폭넓게 이용된다.

7. 경영진의 기록관리자 지원방법(How Senior Management can help the Records Managers)

조직의 변화하는 요구사항에 부합하는 기록관리체계를 구축하려면 시간과 노력이 든다. 새로운 체계의 요구사항은 신중히 분석하여 구성한다. 요구사항을 확인하기 위해, 기존 체계·업무처리절차·기록정보·그 정보의 활용에 대해 상세히 연구한다. 요구사항에 조응하여, 기록의 생산·접수·배부·이용 및 처리 전 과정을 효과적으로 관리하기 위한 새로운 체계를 도입하는 것에는 신중을 기한다. 새로운 체계의 도입을 기획할 때는 기록 담당자의 기술연수(technical training)나 이용자의 기록활용 교육 프로그램도 계획한다.

기록관리자는 새로운 기록관리체계를 기획하고 도입하는데 필요한 적정시간과 재원을 확보하기 위해 경영진의 강력한 지원을 약속받아야 한다. 이러한 투자를 확보하기 위해서는 보다 훌륭한 기획과 의사결정, 비용절약, 효율성 및 생산성의 제고, 업무환경 증진, 설명책임성 확충 등 이득이 있어야 할 것이다.

기록관리기관에서는 효과적인 기록관리를 유도할 수 있는 환경을 조성하고, 이를 위해 경영진은 다음 사항을 지원한다.

- 조직의 필요에 부합하는 효과적인 기록 서비스 개발
- 기록을 신뢰하고 이용하는 문화 조성
- 조직 내 기록관리의 역할강화
- 기록 관련 규정과 정책의 개발 및 강화
- 기록 관련 표준 확립 및 시행
- 우수한 기록관리에 대한 인센티브와 허술한 기록관리에 대한 징계처리

경영진이 기록관리(care)를 지원하도록 유도하는 것과 관련해서는 『기록 서비스 전략계획(Strategic Planning for Records and Archives Services)』을 참고하라

요약

제1과에서는 기록의 개념을 소개하였다. 정부나 사회와 관련하여 기록의 중요성과 기록된 증거로서의 가치를 살펴보았다. 기록의 개념과 가치를 이해하기 위해 아키비스트나 기록관리자를 배치하는 방법, 기록의 중요 특성을 다루었다. 또, 기록의 생애주기와 연속체 모델을 소개하였다. 기록관리와 레코드키핑의 일반원리, 기록 이용, 경영진의 기록관리자 지원방법에 대해서도 살펴보았다.

학습문제

1. 기록이란 무엇인가?

2. 정보란 무엇인가?

3. 기록은 조직의 업무를 어떻게 지원하는가?

4. 왜 공공부문의 기록이 민주주의 개념의 기반이 되는가?

5. 기록은 어떻게 증거를 제공하는가?

6. 기록으로 국가의 집합적 기억을 어떻게 보존하는가?

7. 기록관리란 무엇인가?

8. 기록 체계가 붕괴되면 정부와 국민에게 어떤 일이 일어나는가?

9. 기록이 고정되어 있다는 개념을 설명하라

10. 기록이 공신력을 갖는다는 개념을 설명하라

11. 기록이 맥락 안에서 고유하다는 개념을 설명하라

12. 기록이 진본이라는 개념을 설명하라

13. 기록의 품격과 관련하여 다음 용어를 정의하라

   종합성(comprehensive)
   정확성(accurate)
   충분성(adequate)

　　　　완벽성과 유의미성(complete and meaningful)
　　　　진본성(authentic)
　　　　불변성(unaltered)
　　　　순응성(compliant)

14. 퐁 존중, 출처, 원질서의 원리를 설명하라

15. 생애주기 개념은 무엇인가?

16. 연속체 개념은 무엇인가?

17. 현용기록, 준 현용기록, 비현용 기록을 정의하라

18. 기록의 인지 및 수집(acquisition)과정을 포함한 기록관리와 보존기록관리(archives management)는 무엇인가?

19. 기록의 지적 처리절차를 포함한 기록관리와 보존기록관리는 무엇인가?

20. 기록의 열람서비스를 포함한 기록관리와 보존기록관리는 무엇인가?

21. 기록의 물리적인 처리를 포함한 기록관리와 보존기록관리는 무엇인가?

22. 기록관리의 목적은 무엇인가?

23. 기록관리의 목표 5가지를 기술하라

24. 레코드키핑 개념을 설명하라

25. 레코드키핑 체계를 통한 통제절차는 무엇인가?

26. 누가 왜 기록을 이용하는가?

27. 경영진이 기록관리체계의 기능을 확실히 하기 위해 지원할 수 있는 최소 5단계를 설명하라.

연습: 조언

1. [연습 1]

간략하나마 기록이 중요한 이유를 서술하였다. 이 과에 제시된 정보와 독자의 생각을 비교해 보고 더 필요한 정보를 추가하라

2. [연습 2]

모듈의 내용과 독자의 생각을 비교해 보라. 독자가 생각하는 기록의 정의가 모듈의 내용과 일치하는가?

3. [연습 3]

몇몇 사안에 대해서만 기록이 생산되면 이는 종합적이지 않다. 임시적인 절차에 따른 활동의 경우 그 증거는 항상 기록이 있어야만 포착된다. 몇몇 회합의 경우 회의록만 있고 나머지가 없으면 종합적인 기록이라고 생각할 수 없을 것이다.

기록에 모든 사실이 표현되지 않고 잘못된 정보를 담고 있다면, 이런 기록은 정확하다고 할 수 없다. 회의록에 특정인이 있었다고 기록되어 있는 반면, 다른 문서에는 그 사람이 없었다고 하면 어떻게 되는가? 이런 반증으로 기록이 부정확해지고 그래서 미루어 짐작해야 할 요소가 생기게 된다.

기록의 일부를 망실하거나 기록의 작성자, 작성 시기, 작성이유 등 중요 정보를 잃게 되면 그 기록은 충분한 것이 아니다. 회의록의 마지막 두 쪽만 관리되고 맥락적 정보를 제공하는 표지가 없으면, 회의일자, 장소 등은 어떻게 되는가? 이 기록은 충분한 것이 아니다.

일부분을 잃어버리거나 다른 기록과 연결시킬 수 없는 기록, 조직이나 기관을 확인할 수 없는 기록은 완벽하지도 유의미하지도 않다. 기록이 기록철 폴더에서 빠져나와 그 자체로 관리되면 어떻게 되는가? 맥락을 잃어버린 기록은 완벽하지도 유의미하지도 않다.

만약 전자기록이 열리지 않고, 조직의 소프트웨어로 읽을 수 없다면 어떻게 되는가? 누구도 컴퓨터 디스크에 담긴 정보에 접근할 수 없기 때문에 더 이상 그 기록을 판독할 수도

이용할 수도 없다.

　기록이 잘못 생산되거나 정확한 기록을 보여줄 수 없다면, 그 기록은 공신력을 갖지 못한다. 회의종료 후에 위원이 회의록을 다시 작성하면, 어떻게 되는가? 이는 승인된 회의록으로서 공신력을 가질 수 없다.

　기록의 일부가 삭제 또는 재작성 되거나 손상 또는 망실되면, 이는 기록을 변화시키는 것이다. 회의록 원본을 삭제하거나 위원이 회의내용을 기억에 의존하여 다시 작성하면 어떻게 되는가? 회의록을 재생산하고자 하는 시도는 존중할 만하나 그 기록의 안정성은 훼손되는 것이다.

　기록이 규정이나 설명책임성 요구에 부합되지 않으면 이는 순응하는 것이 아니다. 회의록을 특정 절차에 따라 편철하지 않거나 위원회의 구성원이 이를 분실하거나 재생산하면, 어떻게 되는 것인가? 이 회의록은 더 이상 절차에 따라 생산, 보유되는 것이 아니다.

[연습 4]

　모듈의 정보와 독자의 생각을 비교해 보라. 서로 일치하는가? 여기에서 논의된 것과 유사한가?

[연습 5]

　독자는 비용지불전표나 정기적인 지출을 항상 기록하는가? 대부분의 사람은 재정적인 사안을 기록한다. 왜냐하면 그들은 정산하거나 변상 받을 수 있는 증거를 확보하고 싶기 때문이다. 다른 일상적인 활동으로는 무엇이 있나? 독자는 당신이 직장에 도착하거나 출발한 때를 정확히 기록하는가? 독자는 점심식사가 무엇이었는지 기록하는가? 독자는 모든 전화통화를 기록하는가? 사람들은 흔히 있는 일상생활에 대해서는 기록하지 않는 경향이 있다. 왜냐하면 그들이 일상생활의 특정부문을 증명할 이유가 거의 없기 때문이다.

　만약 독자가 누군가로부터 업무 방해전화를 받는다면 어떻게 하겠는가? 독자는 당신의 상관에게 그 정보를 알리기 위해 통화내용을 기록한다. 독자는 그 전화가 부적당하며 이와 관련하여 미래에 더 많은 행위가 일어날 수 있음을 인지할 지도 모른다. 전화가 걸려왔고 그것이 업무를 방해했다는 증거를 제시해야 할 수도 있기 때문이다.

제2과 기록통제의 개념(The Concept of Controlling Records)

제2과에서는 기록통제의 주요개념과 이에 이용되는 메커니즘이나 원리를 소개하고, 기록통제의 기본적인 이론을 서술한다. 이 과에서 논의되는 많은 주제는 다음 과에서 보다 심도있게 다뤄진다. 제3과에서는 기록관리체계에 요구되는 인프라를 설명하고, 제4과에서는 새로운 체계를 정립하거나 개선하는 실무에 대해 다룬다. 이어서 분류체계(classification schemes)와 기록을 통제하고 조직하는 절차에 대해서도 상세히 서술한다.

이 과에서 논의할 주제는 다음과 같다.

- 기록통제의 일반원리
- 통제 상실
- 일차적인(primary level) 통제 : 기록 시리즈
- 이차적인(secondary level) 통제 : 등록(registration), 분류(classification), 색인 (indexing), 추적(tracking), 평가(appraisal), 처리(disposal)

1. 기록통제의 원리(Principles of Records Control)

이론상 아무리 좋은 기록관리체계라고 하더라도 기록 요소전반을 통제하는 것만큼 이상적인 실무는 없다. 기록의 생산이나 조직 전반을 통제하는 것이야 말로 가장 중요한 레코드키핑의 기능이다.

> 기록통제는 모든 레코드키핑 기능에 필수조건이고 여기에는 기록의
> 이용·보관·배부가 포함된다.

기록을 생산하거나 접수하는 시점에 이를 통제하지 못하면 기록을 보유하거나 보존할 기간과 그 유용성을 확실히 결정하기가 곤란하다. 기록을 통제한다는 것은 기록의 근원이 되는 기능이나 활동, 기록의 생산맥락, 기록 자체의 속성 및 주요 특성을 아는 것이다.

관리체계의 기능이 잘 발휘되지 않을 때 기록통제를 재구성하는 것은 제4과에서 상세히 다룬다.

효과적인 관리체계에서는 관련 기록과 기록 자체에 대한 메타데이터(metadata)나 정보를 함께 통제한다(즉 생산자, 생산일자, 생산 장소, 생산목적 등).

메타데이터(Metadata): 기록에 관한 정보로, 기록의 생산·처리·이용·보관과 관련된 기술적(technical)이거나 행정적인 처리절차를 설명함

메타데이터는 전자기록관리와 관련하여 종종 이용되는 용어이다. 메타데이터에 대해서는 『전자기록물 관리(Managing Electronic Records)』를 참고하라.

> 메타데이터는 기록의 생산, 보관, 이용방법에 관한 정보이다.

통제체계의 규모는 클 수도 있고 작을 수도 있다. 전통적으로는 현용기록의 경우 등록소나 기록실에서, 준현용 기록이나 비현용 기록의 경우 보존소(repositories)에서, 전자환경 또는 이 세 가지가 결합된 환경에서 통제된다. 이러한 대략적인 범주와 관계없이 기록을 생산시점부터 일관되게 인지하고 조직하기 위하여 레코드키핑 체계로 통제한다. 이렇게 기록을 보관해야 이용자가 원활히 접근하고 검색할 수 있다.

> *기록통제의 목적은, 레코드키핑 체계를 통해 생산되는 기록을 인지하고 조직하여 기록을 보유·보관하고 쉽게 접근·검색할 수 있도록 하는 데 있다.*

(1) 통제 상실(Loss of Control)

과거 기록은 기록 보관자(records keeper)가 충분히 관리할 수 있을 만한 정도로 생산되었다. 기록매체의 진화는 더디고 행정변화는 거의 없거나 있다 해도 그 범주가 좁아서, 기록 보관자가 관리체계나 절차를 정교하게 개발하지 않아도 논리적으로 기록에 접근할 수 있었다.

그러나 최근에는 기록전문가가 급격히 변화하는 주(state)의 활동을 수용하지 못하게 되었다. 게다가, 과거 몇 십 년 사이, 정보기술은 기록의 품격이나 생애주기 전 시기에 걸친 증거 보존을 고려하지 않고 앞으로 달음질쳐 나갔다. 전 세계의 기록 전문직은 새로운 기술이나 통신체계의 변화, 기록 생산자 및 이용자의 필요에 대응하는데 뒤처지게 되었다.

> *현대 기록의 속성으로 볼 때, 우수한 레코드키핑은 조직의 능률과 효율성을 높이는데 필수적이다.*

어마어마한 양의 종이기록, 물리적인 형태를 갖지 않는 전자기록의 성격, 맥락적 증거에 앞서 데이터나 정보를 강조하는 경향, 개인 컴퓨터 이용의 급성장 등은 현대 기록관리에 혼란을 초래할 만큼 위협적이다. 기록을 효과적으로 관리하지 못하는 몇 가지 징후는 다음과 같다.

- 기록의 생산과 이용 전반에 대한 통제 상실
- 접근 전반에 대한 통제 상실
- 공식 기록의 파쇄
- 동일한 정보에 대한 상이한 개정본의 존재. 최종기록이나 진본기록의 부재
- 작성자나 작성일 등 맥락적 정보의 상실
- 전자기록의 수정가능성
- 기록 검색과 관련한 기술의 난해성
- 비승인자의 기록 접근이나 기록 변경 등의 오용(誤用)

통제가 불가능하게 된 것이, 전통적인 등록체계가 붕괴되고 부적당하게 관리되어서 이든 전자적인 정보에 대한 의존도가 높아져서 이든 그 결과는 마찬가지이다. 신뢰할 만한 통제체계가 없으면, 업무담당자나 기록 이용자는 자신이 생산한 기록을 스스로 관리하고 그들만의 한정적이고 즉각적인 필요에서만 보유한다.

세계 여러 나라에서는 기록통제가 붕괴될 위험에 직면해 있다. 이러한 상황에서 국가차원에서 기록관리 실무규약(code of practice)과 표준을 설계하려는 움직임에 아키비스트와 기록관리자는 고무되고 있다. 조직차원에서 볼 때, 이러한 표준은 업무나 법적 필요, 설명책임 필요, 직원과 고객을 위한 통제필요, 대규모 사회의 폭넓은 문화적 필요에 부응할 수 있는 실행전략과 절차를 수립하는 지침(guidance)이 된다.

국가표준이나 국제표준에 대해 더 많은 정보를 알고자 한다면 제9과를 참고하라

[연습 6]

독자가 소속된 조직에서는 어떤 메커니즘으로 기록의 생산, 이용, 보유방법을 통제하는가? 그 체계가 효과적인지, 개선이 필요한지 생각해 보라. 어떻게 개선되어야 하는가? 생각나는 대로 좀 더 효과적으로 기록을 통제하기 위해 취할 수 있는 단계 등 그 다양한 메커니즘을 기술하라.

---

2. 일차적인 통제: 시리즈 통제(The Primary Level of Control: Series Control)

기록의 통제에는 원칙적으로 두 가지가 있다: 일차적인 통제(기록시리즈)와 이차적인 통제(등록, 분류, 색인, 추적, 평가 및 처리)

최근 1세기 동안, 많은 조직에서는 주로 종이기록철을 레코드키핑 체계를 통해 관리하였다. 매일 매일의 업무과정에서 접수되거나 생산된 모든 기록-수발신문, 보고서, 메모, 기타 문서 등-을 기록철에 편철하였다. 종이기록의 경우, 그 물리적인 실체는 기록철이다. 기록철은 주로 종이문서로 구성되고 각각의 기록건은 서로 관련되기 때문에 함께 보관된다. 물리적인 실체를 갖는 기록철은 그것만의 구체적인 이야기를 밝히고 잘 정의된 업무영역이나 특정사안을 기록한다. 각 기록철의 내용은 일반적으로 특정한 기능이나 활동, 주제(subject)와 관련된다.

오늘날, 대부분의 조직에서는 기록을 전자적인 방법으로 생산하는 비율이 점점 높아지고 있다. 전자적으로 생산되거나 접수된 기록(워드프로세스로 생산된 문서이나 전자메일 메시지)은 종이로 출력하여 관련 기록철에 추가시킬 수 있는 한편, 종이기록 편철체계(filing system)를 반영한 전자적인 편철체계 안에 둘 수도 있다. 종이와 전자적인 기록이 혼재되어 있는 레코드키핑 체계에서는 특히 실무적인 목적에서 전자적인 메시지를 종이로 출력하여 편철하는 방법을 선호한다. 이는 전자적으로 기록을 보유할 수도 있지만 대신에 그 절차가 복잡하고 비용이 높을 수 있기 때문이다.

전자적인 형태의 기록관리에 대해서는 『전자기록물 관리(Managing Electronic Records)』를 참고하라

종이문서로 기록철을 만들든 전자적으로 기록을 관리하든 관계없이, 기록철은 동일한 기능이나 활동과 관련된 기록을 연결하는 기본적인 지적 존재이다. 따라서 편철은 매체와 관계없이 업무환경에서 기록을 관리하는 필수적인 행위이다.

> *기록철은 동일한 기능이나 활동과 관련된 기록을 서로 연결시키는 기본적인 지적 존재이다.*

문서나 기록이 기록철로 조직되듯이 기록철은 시리즈로 조직된다. 시리즈는 기록을 정리(arrangement)하고 통제하는 일차적인 수준이다.

> *시리즈(Series) : 조직이나 개인의 기록이나 기록철의 정리수준. 동일한 기능이나 활동과 관련되는 기록을 서로 연결시킨 것으로 동일한 형태이거나 생산·접수·이용에서 여타 관련성을 가짐. 기록철시리즈나 기록시리즈라고도 함*

제2과 기록통제의 개념

시리즈 안의 기록은 다음과 같은 이유에서 서로 연결된다.

- 동일한 기능 및 활동과 관련됨
- 그러한 기능 및 활동의 산물(産物)임

시리즈에 기반을 둔 통제체계가 잘 고안되고 일관성 있게 적용되면 기록 생애주기의 초기인 현용단계를 넘어 준현용 이나 비현용 단계 전반에 걸쳐 검색이 용이해 진다. 기록실에서 현용 기록철을 잘 관리하면, 처리결정이 일상적으로 이뤄지고 기록이 가능한 한 확실히 줄어들 것이다. 퐁 존중, 출처, 원질서의 원리에 따라 보존기록을 정리하는 것도 손쉬워 진다. 시리즈에 기초한 기록의 통제는 소위 '시리즈 통제'라고 부른다. 이를 통해 기능별로 기록철 시리즈 전체를 이관할 수 있으므로 행정을 재정비할 때 기록을 통제하는 것도 용이해진다.

> 기록시리즈 통제란 기록을 논리적으로 배열하는 기본단위인 시리즈로 관리하는 것이다.

> **[연습 7]**
>
> 독자는 조직에서 몇몇 기록시리즈를 인지할 수 있는가? 시리즈 안에 하위시리즈가 서로 연결됨을 기억하라. 이는 기록이 동일한 기능 및 활동과 관련되고 그러한 기능 및 활동의 산물이기 때문이다.
>
> 기록시리즈를 세, 네 개 이상 기술해보라. 기록이 반영하는 기능 및 활동을 설명하라. 이러한 기록을 어떻게 관리하는가? 기록을 시리즈로 통제하는가, 개별 기록철로 관리하는가? 독자는 기록을 시리즈로 통제하고 있다고 어떻게 확신하는가?

(1) 업무체계분석(Business Systems Analysis)

업무체계분석을 통해 시리즈 정리수준을 결정하고 시리즈 통제를 위한 논리적인 틀(framework)을 구성한다. 시리즈를 구성하는 기록은 일반적으로 동일한 업무맥락에서 생산·축적·이용된다. 따라서 기록시리즈는 각각 조직의 상이한 기능 및 업무과정을 반영한다.

때때로 소위 기능적 분석(functional analysis)이나 업무과정 분석이라고 불리는 업무체계분석은 조직의 규모나 성격(공공 또는 민영)과 관계없이 어떤 조직에서나 적용될 수 있다. 조직은 상호 관련된 요소로 구성된 유기체이므로, 업무체계분석을 통해 조직의 업무기능과 그러한 기능을 구성하는 활동 및 사안을 이해할 수 있다. 이를 통해 우리는, 조직이 달성하고자 하는 목적이 무엇인지, 과제·사람들·정보간의 관련성을 알 수 있다.

기록관리자는 업무체계분석을 이용하여 기록과 업무가 상호 작용하는 방식을 이해할 수 있다. 또 조직의 업무기능 및 활동을 분석하여 기본적으로 기록의 분류나 코드부여 체계를 설계하고 보유 및 처리 요구사항을 결정한다.

업무체계분석을 이용하여 기록관리체계를 수립하거나 재구축하는 것에 대해서는 제4과에서 설명한다. 업무체계분석에 대한 상세한 사항은 『업무체계분석(Analysing Business System)』에서 다루고 있다. 업무체계분석이 기록시리즈와 어떻게 관련되는가에 대한 사례는 『현용기록물체계 재구축: 업무편람(Restructuring Current Records Systems: A Procedures Manual)』에서 알 수 있다.

3. 이차적인 통제(Secondary Levels of Control)

앞서 살펴본 바와 같이, 기록시리즈는 기록의 생애주기에 따른 일차적인 통제수준이다. 그 기저에는 다른 통제 메커니즘을 이용하여 기록의 생산 또는 접수시점을 포착하여 필요할 때 해당 기록을 인지하고 검색, 활용할 수 있다.

아래 다섯 가지 메커니즘은 기록을 체계적으로 관리하기 위하여 사용되는 이차적인 통제수단이다.

- **등록** : 기록이 생산되거나 접수되었다는 것을 증거한다.
- **분류** : 기록관리체계에서 기록의 물리적 위치나 지적 위치를 적절히 할당한다.
- **색인** : 기록을 검색하고 찾아낼 수 있도록 라벨을 붙인다.
- **추적** : 언제든 기록의 소장위치를 알 수 있도록 기록의 물리적인 위치변화를 기록한다.
- **평가 및 처리** : 기록을 현용에서 준현용 단계로 이동하자마자 적절한 행위를 취한다.

> 기록은 또한 등록·분류·색인·추적·평가 및 처리과정으로 통제된다.

(1) 등록(Registration)

기록을 등록하여 그 생산 및 접수여부를 확인하고 레코드키핑 체계에서 포착한다. 전형적으로, 해당 기록에 대해 간단히 기술하고 고유한 식별자(identifier)를 붙여서 기록을 쉽게 편철, 검색할 수 있도록 한다.

> 등록(Registration) : 레코드키핑 체계에서 기록을 포착하기 위해 기록건에 대한 표준 정보를 기록하는 절차임

접수된 서신을 기록건접수대장(incoming correspondence register)에 기록하는 것이 등록의 한 예이다. 이는 기록건에 기반한 등록체계이다. 즉, 문서별로 기록을 통제하는 것이다.

어떤 레코드키핑 체계는 편철하여 색인하는 것과 같이 기록철을 기반으로 한다. 편철기반 체계에서 접수문은 앞서 언급한 것과 다르게 처리된다. 문서를 접수하면, 첫 번째 단계로 기록실에 관련된 활동이나 주제에 대한 기록철이 이미 생산되어 있는지를 확인한다. 기록철이 있으면 즉시 기록건을 해당 기록철에 넣어 업무담당자에게 배부한다. 만약 기록철이 없으면 우선 기록철을 신규 등록한다. 기록철의 세부사항을 관리서식에 기록한다. '등록된 기록철(registered files)'이란 분류체계에 따라 조직되고 번호를 부여받은 기록철을 말하는 일반어(common term)이다.

> 등록된 기록철이란 분류체계에 따라 조직되어 번호를 부여받은 기록철이다.

기록건에 기초한 통제와 기록철에 기초한 통제를 모두 하나의 체계에서 연계시킬 수 있다. 예를 들어, 접수문을 등록할 때는 각각의 서신이나 문서가 편철되는 기록철을 표시하고 각 기록철의 맨 앞에는 그 안에 들어있는 모든 문서의 목록을 둔다.

영국민원봉사실(British Civil Service)과 같이, 전통적인 레코드키핑 체계에서는 모든 기록건

을 등록하였다. 그러나 기록건에 기초한 체계는 건이 다량으로 생산되면서 기록철에 기반을 둔 체계로 대체되었다. 기록건을 개별적으로 등록하기보다 오히려 즉시 적절한 기록철에 넣어 업무담당자에게 보낸다. 그러나 특정 일련번호를 부여하는 각서(numbered memoranda)와 같이 특수한 유형의 기록건은 계속 등록되기도 한다.

업무담당자나 기록담당자는 기록의 유형이나 맡고 있는 책무에 따라 기록을 등록하기도 하고 안하기도 한다. 업무담당자는 공채발행이나 비용지출 등 구체적인 특정 유형의 기록건에 대한 등록을 책임지기도 한다. 조직의 주요기능 및 활동과 관련된 수발신문이나 메모 등 매일 발생하는 기록은 기록실에서 집중 등록하는 것이 필요하다.

기록건에 기반을 둔 체계에서 등록부에 기재되는 정보는 다음과 같다.

- 고유한 식별자
- 등록일자
- 기록건명
- 내용
- 작성자
- 발신자
- 수령자
- 물리적인 형태
- 전송방법
- 관련 기록

문서에 기반하는 전자적인 체계는 기존 종이기록의 등록체계를 기초로 구축되고, 더불어 기록을 생산·포착하는 소프트웨어와 구조적인 정보나 맥락적인 정보(메타데이터)를 상세히 기록한다.

> **[연습 8]**
>
> 독자가 소속된 조직에서는 기록을 등록하는가? 등록하는 경우에는 그 절차와 포착 정보를 쓰고, 등록하지 않는 경우에는 최근에 수신하거나 작성한 기록의 관리방법을 설명하라.

(2) 분류(Classification)

분류는 논리적인 배열 안에 기록의 적절한 위치를 할당하여 기록을 인지하는 방법으로 규정에 따라 할당된 고유한 식별자나 참조번호(reference number)를 기록에 부여한다.

> *분류(Classification)* : 분류체계로 표현되는, 논리적으로 구조화된 약속(conventions), 방법, 절차규정에 따른 범주로 기록을 인지하고 정리하는 과정임

기록을 분류할 때는 기존 조직의 구조·기능·활동을 참고한다. 그래서 해당 업무와 기록을 동일한 구조로 정리하면 문서를 어디에 편철하고, 그것을 어디서 찾아야 하는지를 결정하기가 쉬워진다. 일반적으로 기록을 분류하여 서로 배타적인 범주로 조직하면, 의심할 여지없이 개별 아이템을 적절한 위치에 배열할 수 있다. '최고 수준(top-level)'의 범주는 시리즈이고 복잡한 체계에서는 하위시리즈로 세분된다.

분류체계는 위계를 이룬다. 즉, 나무와 같은 구조로 필요한 만큼 계층을 형성한다. 분류체계는 대부분 업무체계분석에 기초하여 미리 결정되지만, 구조·기능·활동이 신설되거나 변경되면 이를 충분히 수용할 수 있도록 탄력적이어야 하고, 요구사항에 계속 부합하는지 재평가한다. 업무체계분석에 기초한 분류체계는 이용자와 협의하여 설계한다.

> 분류체계는 흔히 위계를 갖는다.

분류체계는 다음과 같아야 한다.

- 해당 조직에 적합해야 한다.
- 분류대상이 되는 각 아이템에 참조번호나 코드를 할당한다
- 기록을 분류하기 위한 규정, 구조, 어휘는 일관되고 정확히 반영할 수 있도록 전부 기록한다
- 기능과 활동의 변화를 반영하기 위해 적용 날짜를 관리하고 탄력적으로 운영한다

분류 및 코드부여체계에 대해서는 제3과에서 논의한다.

[연습 9]

독자가 소속된 조직에서는 기록을 분류하는가? 분류하는 경우, 분류절차와 그 과정에서 포착되는 정보를 서술하라. 분류하지 않는다면, 기록을 조직하는 방법을 설명하라.

---

(3) 색인과 통제어휘(Indexing and Controlled Vocabulary)

조직에서는 일련의 정보에 접근할 수 있도록 색인을 설계한다.

- 전체 정보체계(조직의 편철체계, 출판, 도서관·기록 센터, 시청각 자료)
- 편철체계 등 기록의 그룹화
- 인사철(人事綴)이나 직원 인사기록카드 등의 기록시리즈에 있는 개별 기록건

> *색인(Indexing)* : 기록의 접근점(access points)이 되는 용어를 구성하고 적용하는 과정임. *주기(Note)* : 통상 알파벳순으로 용어를 정리함

이미 기술한 바와 같이, 분류는 기록의 출처와 기록 간의 논리적 관련성을 나타내는 구조화된 배열로 아이템을 조직하는 것이다. 이를 통해 기록의 맥락을 인지한다. 반면, 색인은 맥락이나 출처와 상관없이 기록의 내용을 주제별로 빠르게 접근할 수 있는 수단이다.

일반적으로 말해서, 색인에서 포괄되는 자료의 폭이 넓으면 넓을수록 맥락정보가 없어지므로 색인의 정확성이 떨어질 위험성이 커진다. 예를 들어, 전체 정보체계(공식 기록, 출판물,

도서 등)를 대상으로 하나의 색인을 만들어 그 색인으로 구체적인 주제를 탐색하면 부적절한 참고자료가 많이 출력될 수도 있다.

> 색인은 주제나 활동으로 기록에 빨리 접근할 수 있는 수단이다.

색인에는 적용어(applying terms)나 개별 기록을 검색할 수 있는 '라벨'이 있다. 주제와 업무 활동에 기반하여 색인을 통제하면 좀 더 효과적이다. 예를 들어, '농업'이나 '농장경영'과 같은 단어를 모두 사용하는 것보다는 하나의 용어만 사용하는 것이 좋다. 그러나 아마도 전자든 후자든 하나의 용어로만 색인하면 해당 색인어가 없는 기록은 찾을 수 없을 것이다. 색인 안의 어휘를 통제하는 도구(tool)에는 '시소러스'가 있다.

> 시소러스(Thesaurus, pl. thesauri) : 동의어(synonymous), 계층성(hierarchical), 관련성(relationships), 종속성(dependencies)을 보여줄 수 있는, 통제되고 구조화된 주제어(keyword)

검색가능어가 간단한 명칭(인명, 조직명, 지명 등)이라면 이를 통제할 필요가 없을지도 모른다. 그러나 명칭의 순서(성을 우선으로 함), 약어의 사용여부, 철자오기(綴字誤記)와 관련한 규정은 필요하다. 적합한 명칭을 '전거목록(authority list)'으로 만들고, 여기에 표준형태로 사용되는 모든 명칭을 담는다.

> 전거목록(Authority list) : 명칭(인명, 단체명, 지명)을 포함하여 정보를 검색할 때 접근점으로 사용하는 표준화된 주제어 목록

특히, '규정 없이' 색인을 작성하면 집행기록철(operational file)과 행정기록철(administrative file)에 다음과 같은 문제점이 발생할 수 있다.

- 동일한 주제의 기록건이 여러 다른 기록철에 편철될 수도 있다
- 완벽한 정보를 기록철에 담지 못할 수도 있다
- 색인이 불확실 하여 기록철과 기록건이 요구될 때 쉽게 찾지 못할 수 있다

- 보유 및 처리절차를 신뢰할 수 없고 비효율적으로 수행될 수 있다

주제어 목록(keyword list)은 통제어휘의 일종이다.

> *주제어(Keyword)* : 기록건 및 기록철의 제목이나 본문에서 추출한 용어나 관련어임. 기록의 내용을 특징짓는 검색 접근점임

주제어 목록은 색인에서 선별한 모든 표준어(standard term)를 알파벳순으로 목록화한 것이다(때때로, 전거목록이라고도 한다).

> *주제어 목록(Keyword list)* : 기록철을 분류하거나 색인할 때 주제 선택을 제한하는 통제어휘

주제어 목록은 통제 메커니즘이다. 개별 기록을 분류하고 색인하는 방법을 제한하여 색인을 정확하고 일관성 있게 작성한다. 이를 통해, 이용자와 운용자는 특정주제에 관한 기록이 어디에 있는지 그것을 어디서 찾아야 하는지를 알 수 있다. 또한 기록철명을 부여할 때, 이 목록의 표준어휘(standard vocabulary)를 이용할 수 있다. 기록철명에 한정된 용어를 사용하면 통제어휘나 주제어 목록으로 색인을 작성하기가 쉽고 기록건의 편철위치도 확인하기 쉬워진다.

> *주제어 목록으로 어휘를 통제하면 이용자가 보다 쉽게 정보를 찾을 수 있다.*

조직에서는 부서나 조직 간에 종이나 전자적인 형태의 정보를 공유하는 경향이 커지고 있다. 그 결과, 서로 다른 곳에서 근무하는 직원들이 기록철명을 작성하고 이를 검색하게 되므로 조직 전체차원의 시소러스나 통제어휘가 필요하다. 이 어휘집에는 조직 전체와 관련한 용어에 개별 부처와 관련되는 '전문(specialist)' 용어가 포함된다. 이미 만들어진 시소러스를 구입할 수도 있지만 일반적으로 조직의 요구에 부합하려면 그 조직만의 기록관리 시소러스를 구축하는 것이 필요하다.

이미 밝혔듯이, 통제어휘는 순전히 분류체계를 지원하는 도구로 이용된다. 이를테면, 기록철을 분류하는 용어를 제한하여 일관성과 통일성을 높이고 이를 통해, 특정 주제나 활동에 관한 기록철을 좀더 쉽게 찾을 수 있다. 이 모듈 <도표 10>과 <도표 11>의 분류체계는[3] 통제어휘를 묘사한 것이다. 즉, 기록철의 분류를 전거목록으로 제한한다.

통제어휘를 구축하는 주요단계는 다음과 같다. 이 중 몇 가지는 동시에 수행될 수도 있다.

① 조직의 기능 및 활동을 이해함
② 기능 및 활동을 분석하여 검색어를 개발함. 업무담당자와 협의하고 업무프로그램이나 기존 기록철 목록 또는 여타 이용 가능한 설명자료를 연구함
③ 통제어휘 범주를 정의함. 색인의 수준이나 깊이, 고유명칭(proper names) 및 매우 일반적인 용어의 포함여부 등
④ 용어의 전거목록을 초안함
⑤ 다음과 같은 과정으로 시소러스를 만듦
- 어구를 세분화할 것인지 또는 그대로 유지할 것인지를 결정한다.
- 개별적인 용어를 복합어구로 묶을 것인지를 결정한다.
- 일련의 용어를 광의어와 협의어로 인지한다.
- 비승인어를 인지하고 승인어와 상호 참조할 수 있도록 연결한다.
- 지시자 'use'와 'used for'를 사용할 수 있도록 비승인어와 승인어(allowed term)와 그 범주를 포함한다.
- 범주주기(scope notes)를 작성한다. 시소러스의 목적에 따라 용어의 정의방법을 설명한다.

통제어휘나 주제어 목록작성에 대해서는 제6과에서 다룬다. 또 그 사례는 『현용기록물 체계 재구축 : 업무편람(Restructuring Current Records Systems: A Procedures Manual)』을 참고하라.

색인은 관리(care)와 일관성을 요하는 과제이다. 만약 주제어 목록에 새로 추가되는 용어를 전반적으로 통제하지 않으면 그 목록의 유용성과 신뢰성은 급격히 떨어지게 된다. 따라서 주제어 목록과 통제어휘는 기록관리 전문가가 관리한다.

---

3) [역자주] 이 모듈 제5과 참조

실제, 분류와 색인은 상호의존적이다. 예를 들어, 전형적인 기록철 관리체계에서 신규 기록철을 등록할 때는 그 내용을 표현하는 기록철명을 만들고 적절한 범주나 시리즈로 분류하는 동시에 기능을 나타내거나 기록철명에 포함된 (통제어휘에서 추출한) 용어를 색인한다. 주제어 코드체계에서, 색인어 그 자체로 기록철의 참조번호를 만들어 신규 기록철에 할당한다.

원래는 수기로만 작성하던 색인을 지금은 다양한 프로그램을 이용하여 컴퓨터로 작성한다. 하지만, 운용요구에 확실히 부합하기 위해서는 책임감을 갖고 색인해야 한다. 전자적인 체계에서 기록철명을 부여하는 규약이나 표준화된 디렉토리의 구조는 조직에서 적용하는 분류 및 색인체계와 가능한 한 밀접하게 관련되어야 한다.

주제어 코드체계에 대해서는 제5과에서 다룬다. 전자적인 체계에서 기록철명을 부여하는 규약과 표준화된 디렉토리의 구조에 대해서는 『전자기록물 관리(Managing Electronic Records)』를 참고하라.

[연습 10]

독자가 소속된 기관에서는 기록을 색인하는가, 통제어휘를 사용하는가, 시소러스는 적절한가? 기록 색인절차와 색인어 선택기준에 대해 기술하라. 만약 기록을 색인하지 않는다면, 이용자가 기록에 접근할 수 있는 방법을 설명하라.

---

(4) 추적(Tracking)

추적이란, 특정시점에 기록의 위치를 파악하기 위해 기록의 인수인계사항(movement)을 기록하는 것이다. 또한 추적은 기록 이용을 모니터하고 이용자의 기록 접근과 같은 레코드키핑 과정의 흔적을 유지하고 더불어, 특정 기록을 누가 누구에게 배부했는지, 예정된 날에 행위가 진행되었는지를 확실히 관리하는 것이다.

추적(Tracking) : 항상 기록이 어디에 있는지 알기 위해 기록의 인수인계나 이용사항을 기록하는 과정임

전형적인 추적체계에서는 기록의 물리적인 인수인계사항을 모니터하고 기록의 유출을 통제하여 사무실이나 사람 간에 기록이 이관되거나 서고에 반납된 사항을 기재한다. 최소한 아이템 식별자(일반적으로 참조번호), 기록을 인수받은 사람이나 사무실, 인수인계일을 기록한다.

기록철의 추적통제에 대해서는 제13과에서 다룬다.

전자적인 통제방법으로 매우 정교한 추적체계를 도입할 수 있다. 예를 들어, 기록철에 개별적인 바코드를 부착하면 인수인계사항이 발생할 때마다 언제든지 확인할 수 있다.

> *추적체계로 기록의 소장위치를 항상 확실히 파악한다.*

추적체계는 그리 간단한 것이 아니다. 때때로, 사람들이나 사무실 간에, 기록이 이동될 때 레코드키핑 체계에서 인수인계사항을 포착하지 못하는 경우에는, 기록의 최근 소장위치를 확인하기 위해 추적체계에 따라 기록을 '점검(census)'한다.

[연습 11]
독자가 소속된 기관에는 적절한 추적체계가 있는가? 추적체계를 모니터하는 것은 무엇인가? 기록의 추적과정을 기술하라. 기록을 추적하지 않으면, 기록의 인수인계사항을 어떻게 관리하는지 설명하라.

(5) 평가 및 처리(Appraisal and Disposal)

평가는 두 가지 과제로 전개된다. 첫째, 생산자나 이용자가 업무수행에 활용하고, 지속적인 가치가 있어서 보존되어야 하는 기록이 무엇인지 또, 얼마나 오랫동안 보존되어야 하는지 결정하는 과정. 두 번째, 역사연구 등 애초 기록의 생산목적 이외 다른 목적으로 영속적인 가치를 갖는 기록을 정하는 과정이다.

현용기록 : 생산과 관리

평가(Appraisal) : 장래 어떤 목적에서든 이용을 위해 기록의 가치와 그 가치가 지속되는 시간을 결정하는 과정. 사정(evaluation), 검열(review), 선별(selection)이라고도 함

처리(Disposal) : 보유기간(retention periods)의 종료나 평가결과에 따라 기록에 취해지는 행위. 특히 북미에서는 'disposition'이라고도 함. *주기(Note)* : 폐기(destruction)는 기록을 처리하는 방법 가운데 하나이고 따라서 처리와 동의어가 아님

처리일정표(disposal schedule)는 평가결과이다. 이를 통해, 조직에서 생산되거나 보유되는 모든 기록시리즈를 인지하고, 시리즈별로 수용해야 하는 평가결정에 주목하여, 보유기간과 그 장소, 적시(適時)에 처리(폐기하거나 보존기록관리기관으로 이관함)할 수 있는 권한을 구체화한다.

처리일정표(Disposal schedule) : 평가결정을 기록하거나 처리행위를 규정하는 관리서식(control document)임. 처리목록(disposal list), 처리계획(disposition schedule), 기록일정(records schedule), 보유일정(retention schedule), 보유 및 처리일정(retention and disposal(disposition) schedule), 이관일정(transfer schedule)이라고도 함

그러나 평가는 처리일정표를 작성하기 위한 것이라기보다 다른 목적으로 수행되기도 한다. 예를 들어, 전체 기록철 시리즈의 보유여부를 결정하기 위해 기록철 별로 평가하거나 '검열(reviewed)' 할 수도 있다. 이는 기록철이 행정적으로든 역사적으로든 지속적인 가치가 있는지를 결정하려는 것이고 그 결과에 따라 폐기할 수도 있다. 일반적으로 이러한 판단의 기준은 기록해야 한다.

평가 및 처리를 통해 지속적인 가치가 있는 기록을 일정기간 확실히 보관하고, 폐기하거나 또는 보존기록관리기관으로 적절히 이관한다.

폐기(Destruction) : 더 이상 가치가 없는 문서를 처리하는 방법. 소각(incineration), 용해(maceration)후 종이로 재활용(pulping), 세절(shredding) 또는 별도의 은밀한 방법으로 처리함

평가, 보존 처리에 대해서는 『기록물 평가체계 수립(Building Records Appraisal Systems)』을 참고하라.

평가 및 처리계획은 기록이 활용되는 시기 말미보다 생산단계에 이뤄져야 한다. 특히, 정보를 관리하기 위해 컴퓨터를 이용하는 사례가 증가하고 있는 현실에서 기록의 평가가 5년이나 10년 뒤로 미뤄지게 된다면 50년 후에는 기록을 상실할 각오를 해야 한다.

예를 들어, 어떤 데이터베이스에 담긴 몇몇 전자적인 정보는 끊임없이 변화하여 특별한 조치를 취하지 않으면 안정된(static)-변경되지 않고 고정된-기록의 형태로 확보할 수 없다. 만약 그런 데이터를 기록으로 포착하기 위해서는 시스템에 통제기능이 필요하다.

> *평가계획(appraisal planning)은 기록의 생산시점에 마련되어야 한다.*

다음과 같은 이유로 평가 및 처리계획이 필요하다.

- 업무활동에 충분한 증거를 포착하기 위해 필요한 기록을 인지한다
- 기록을 보존하는 기간을 정한다
- 기록을 보존하는 형태와 소장위치를 정하고 기술한다
- 궁극적인 기록의 처리(폐기하거나 보존기록으로 관리)를 결정한다

> **[연습 12]**
>
> 독자가 소속된 조직에서는 기록을 어떻게 평가하는가? 정식절차에 따라 기록을 처리하는가? 평가 및 처리절차에 대해 기술하라. 그런 과정이 없으면, 기록을 어떻게 사무실에서 이동시키고 폐기하거나 보존기록으로 이관하는지 설명하라.

요약

제2과에서는 기록통제의 일반원리를 살펴보았다. 기록통제기능을 상실할 때 어떤 상황이 벌어지는지 알아보았다. 일차적인 통제(시리즈)와 이차적인 통제(등록, 분류, 색인, 추적, 평가 및 처리)를 설명하였다.

학습문제

1. 메타데이터는 무엇인가?

2. 왜 기록을 통제하는가?

3. 기록통제기능이 상실된 징후를 다섯 가지 이상 들어보라.

4. 시리즈 통제의 개념을 설명하라.

5. 시리즈는 무엇인가?

6. 기록은 어떻게 시리즈 안에서 서로 연결되는가?

7. 업무체계분석의 개념은 무엇인가?

8. 업무체계분석은 기록의 시리즈 통제와 어떻게 관련되는가?

9. 기록의 이차적인 통제에 이용되는 다섯 가지 주요 메커니즘은 무엇인가?

10. 등록을 정의하라.

11. 기록건에 기반을 둔 체계는 무엇인가?

12. 기록철에 기반을 둔 체계는 무엇인가?

13. 기록건 등록에 포함되는 정보의 종류에는 어떤 것이 있는가?

14. 분류를 정의하라.

15. 분류체계의 주요한 요구사항 네 가지는 무엇인가?

16. 색인을 정의하라.

17. 시소러스는 무엇이고 이는 색인에서 왜 중요한가?

18. 전거목록은 무엇이고 이는 색인에서 왜 중요한가?

19. 색인을 작성하는 근거규정이 없으면, 어떤 문제가 발생하는가?

20. 주제어 목록은 무엇인가?

21. 통제어휘를 구축하는 주요 단계는 무엇인가?

22. 추적을 정의하라.

23. 추적하는 목적은 무엇인가?

24. 평가를 정의하라.

25. 두 가지의 평가과제는 무엇인가?

26. 처리는 무엇인가?

27. 처리일정표는 무엇인가?

28. 평가 및 처리과정은 어떻게 통제 메커니즘이 되는가?

연습 : 조언

[연습 6-12]

[연습]은 이 과에서 습득한 정보와 독자가 소속된 조직의 실제 기록관리를 비교할 수 있도록 고안하였다. [연습]을 통해 독자는 이 과에서 제안하는 기록의 통제유형과 소속 조직에 맞는 형태를 비교 연구하여 미래 업무기반을 마련할 수 있을 것이다. 다양한 통제체계에 대해서는 다음 과에서 상세히 논의한다.

제3과 기록관리체계의 인프라(The Infrastructures for a Records Management System)

제2과에서는 기록의 일차적인 통제(시리즈), 이차적인 통제(등록, 분류, 색인, 추적, 처리)와 기록의 조직원리에 대해 살펴보았다. 이러한 기본이론에 기초하여, 제3과에서는 새로운 기록관리체계의 인프라나 틀(framework)에 대해 서술한다. 그런 다음, 바람직한 레코드키핑 체계의 수립과 구체적인 통제 메커니즘(분류체계와 기록철 및 문서 통제)에 대해 상세히 살펴본다.

조직에는, 의사결정·행위·사안에 대한 증거를 충분하고 정확하게 기록하고 레코드키핑 체계에서 포착하여 보유할 수 있는 확실한 전략이 있어야 한다. 이러한 전략이란, '증거'가 되는 기록의 정보를 언제, 어디서, 어떻게, 무엇에 담을 것인가를 결정하고 관련 기록을 포착하여 필요로 하는 한 보유하는 것이다. 그리고 업무가치가 없어진 기록을 즉시 그리고 적절하게 폐기하거나 보존기록관리기관으로 이관하는 처리활동도 포함된다.

이 과에서 다룰 주제는 다음과 같다.

- 필요분석(needs analysis)
- 틀(framework) 설계
- 기록관리 마케팅
- 서비스 대상과 수행측정(performance measurement)

각각의 주제에 대해서는 이 연구 프로그램의 다른 모듈에서 더욱 상세히 다룬다. 특히 『기록물 서비스 인프라 구축(Developing Infrastructures for Records and Archives Services)』 과

『기록물 서비스 재원관리(Managing Resources for Records and Archives Services)』를 참고하라.

1. 필요분석(Needs Analysis)

　기록은 고립적으로 생산되지 않는다. 이는 조직 업무활동의 산물(産物)이다. 어떤 유형의 기록관리체계가 필요한지 결정하기 위해서는 기록이 생산되는 과정을 되짚어 보고 기록의 생산과 이용과정에 집중해야 한다. 조직의 기능 및 활동을 이해하면, 기록화된 증거를 보존하기 위한 요구사항이 분명해 진다. 따라서 기록관리체계를 설계하기 위한 첫 과제는 기록에 대한 조직의 필요(needs)를 분석하는 것이다.

> *조직의 기능 및 활동을 이해하면 기록화된 증거를 보존하기 위한 요구사항이 분명해 진다.*

필요는 다음과 같이 분석한다.

① 조직을 위한 기록관리정책의 개념을 정의하고 (기록관리정책이 없거나 또는 있다 하더라도 부적당한 경우) 이에 대한 합의를 이뤄야 한다. 이 정책에는 조직 내 기록관리의 역할을 밝히고 이것이 레코드키핑의 요구사항과 어떻게 관련되는지를 기술한다. 조직 전체의 목적에 부합하는 기록관리 프로그램의 목표를 수립하고 모든 직원의 책무를 명시한다.

② 조직의 기록 필요를 정의한다. 조직의 업무활동에 적합한 기록을 포착하고 보유하는 실무 및 절차와 넓은 의미에서의 기록관리체계를 다룬다.

③ 조직의 기록 필요에 부합하기 위해 적정한 인력과 조직구조를 확인한다. 기록관리기능 및 그 직원의 관리책임과 직위를 서술한다.

④ 재정 지원수준을 확인한다. 기록관리 프로그램 지원 및 이를 구축하고 유지하는데 적절한 자금과 관련하여 조직 상위관리자의 언질이 필요하다.

⑤ 서비스 대상과 수행측정을 확인한다. 서비스 대상을 정하고 모니터하는 것은, 기록관리 프로그램의 효과를 측정하여, 경영진에게 그 이익을 납득시켜서 재정지원을 지속적으로 확보하는데 유용한 방법이다.

기록관리체계를 위한 폭넓은 틀(framework)에 대해서는 아래에서 살펴본다.

기록관리체계와 기본적인 기록통제 메커니즘의 구체적인 필요성에 대해서는 다음 과에서 논의한다.

[연습 13]

독자가 소속된 조직에서는 기록관리의 요구사항과 관련한 필요를 분석하였는가? 그렇다면, 분석과 연구결과물을 살펴보고 다음 질문에 답하라.

기록관리정책이 있는가, 적절한가?
조직의 기록 필요는 무엇인가?
기록관리 프로그램 기능을 수행하기 위한 인력과 조직구조의 필요조건은 무엇인가?
재정지원을 확보하는데 필요한 것은 무엇인가?
적절한 서비스 대상과 수행측정은?

---

2. 틀 설계(Designing the Framework)

전반적으로 응용할 만한 기록관리체계는 없다. 각 조직과 그 조직의 각 부서 또는 기관의 업무에 맞는 체계를 수립한다. 또한 이 체계는 직원의 필요에 맞아야 하고, 규정 및 설명책임성 요구사항에 부합해야 한다. 이는 더욱이 정기적으로 분석하여 업무 및 필요가 변화하면 그에 맞게 적용하거나 재설계해야 한다.

기록관리체계는 각 조직이나 부처의 개별적인 필요에 맞도록 개발한다.

효과적인 기록관리체계는 조직의 일반적인 관리체계에서 주요한 요소이다. 효과적인 기록관리체계로 업무목적을 달성하고 행정의 효율성을 높이는데 결정적으로 기여하기 위해서는 통제기능이 있어야 한다. 즉, 기록관리 프로그램을 보다 큰 관리환경의 일부로 개발하면 전반적인 관리목표가 업무절차에 반영되어 매우 효과적으로 기능할 것이다.

기록관리자가 열정적으로 미래에 대비하여 지속적으로 업무를 추진하면, 비록 기록관리에 영향을 미치는 의사결정을 직접 통제하지는 못하더라도 그 과정에 지대한 공헌을 할 수 있다. 여기에서는 기록관리자가 가장 효과적으로 참여할 수 있는 영역을 살펴본다.

아래에서 살펴볼 주제에 대해서는 『기록물 서비스 인프라 개발(Developing Infrastructures for Records and Archives Services)』을 참고하라.

(1) 법규(Legislation)

모든 기록관리 권한은 기본적으로 종합적인 최근 규정에 근거한다. 비정부기구에서는 정책진술(policy statements)이 이에 해당된다. 규정이나 권한문서(authority documents)에는 다음과 같은 요소가 있다.

- 모든 매체나 형태의 기록을 포괄하고, 행정·사법·입법부 등 모든 조직에서 생산되거나 접수된 기록을 통합하기 위해서는 법규에 기록을 정밀하게 정의해야 한다. 공공영역에는 반관(半官)기관이나 지역 및 지방정부조직이 포함된다. 사적영역에는 모든 보조(subordinate)기관, 협력기관(agencies), 사업소(operations)가 포함된다.
- 기록의 생애주기에 따라 기록관리의 일차적인 책무를 분명히 구분하여, 기록관리기관의 장과 모든 주요 담당자의 역할을 잘 정의한다.
- 조직내 모든 기록을 지속적으로 평가하고 적절히 처리하기 위한 틀(framework)을 마련한다.
- 규정에 따라, 지속적인 가치가 있는 준현용기록을 기록관으로, 영속적인 가치가 있는 기록을 보존소로 순차적으로 적시에 이관할 수 있도록 한다.

> **[연습 14]**
> 독자가 소속된 조직에서는 어떤 법규나 권한 문서로 기록관리체계를 통할하는가?
> 법규에는 앞서 제시한 요점을 언급하고 있는가?
> 기록은 정밀하게 정의되어 있는가?
> 모든 매체의 기록이 법규에 포함되어 있는가?
> 기록 보존(care)에 관한 책무를 명확히 분담하고 있는가?
> 평가 및 처리에 관한 적절한 틀(framework)이 있는가?
> 준현용 기록을 기록관으로, 보존기록을 기록보존소로 순차적으로 이관하는 규정이 있는가?
> 조직에 법규나 권한문서가 없다면, 그런 문서의 초안을 어떻게 작성해 나갈 것인가?

(2) 기록관리부서의 위상(Location of the Records Management Unit)

기록관리부서는 총괄관리 부처 안에 위치해야 한다. 이는 행정과 운영에 필수적이다. 부서장(the head of unit)은 국(division)의 여타 부서장과 동등한 지위를 가져야 한다. 또한, 부서장은 궁극적으로 조직의 효율적인 기록관리체계를 책임지는 조직의 장이나 부처의 장과 의사소통을 할 수 있는 확실한 언로(言路)를 확보해야 한다.

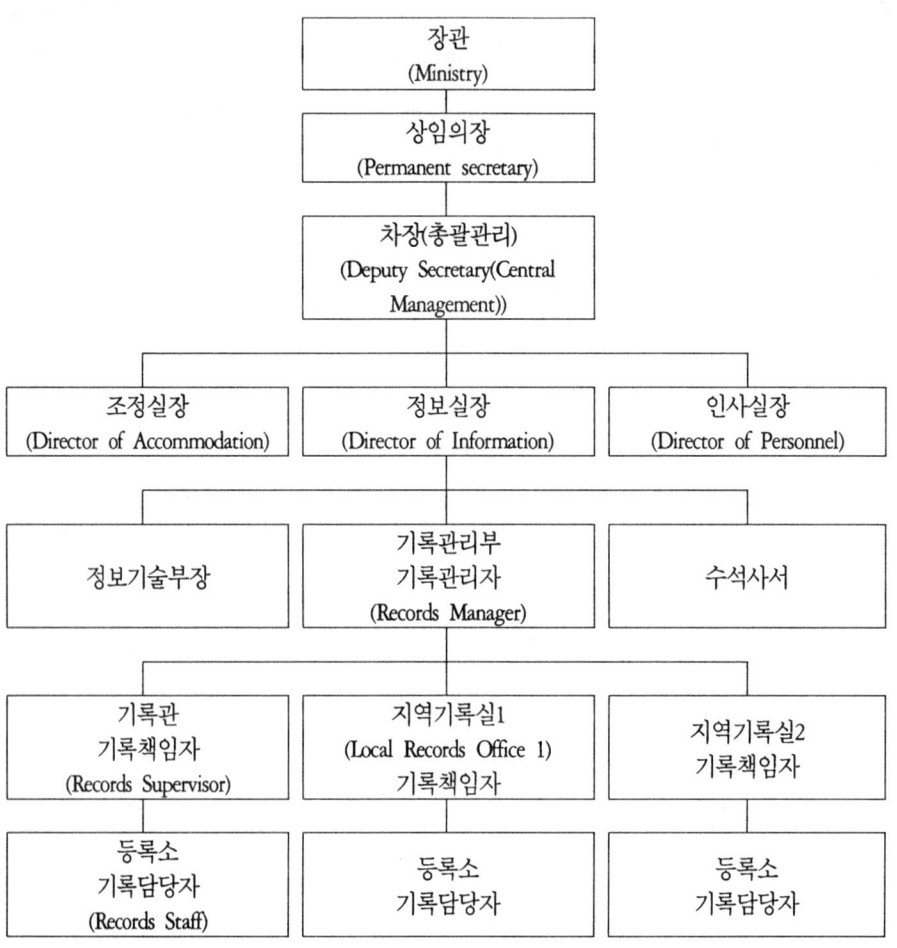

도표 1 : 기록관리부서의 위상

조직에서 기록뿐만 아니라 내·외 전자적인 데이터, 도서자료 및 여타 정보원을 포함하는 통합적인 정보전략을 수행하려면, 각각의 전문부서를 총괄 관리부서의 정보실 하위에 두는 것이 유용하다.

> *기록관리부서는 조직의 총괄관리부서에 위치해야 한다.*

> **[연습 15]**
> 독자가 있는 기록관리부서는 조직위계 상 어디에 해당하는가? 잘 배치되어 있는가 또는 개선이 필요한가? 독자가 생각하는 현실적인 위치와 이상적인 위치를 기술하라. 원컨대, 앞서 살펴본 것과 같이 독자는 두 개의 조직표-현재 위치와 이상적인 조건의 위치-를 정비하고 싶을지도 모른다.

(3) 여타 전문가와의 협력(Collaboration with Other Specialists)

기록관리체계의 다양한 구성요소(서식관리 등)를 각각의 전문가가 책임지는 기관도 있으므로 기록관리자는 이들과 협력한다.

기록관리자는 기록관리체계의 모든 요소를 책임지더라도 조직 내외 전문가들과 협력한다.

- 기록의 생산 및 이용 관련, 업무담당자

  > *업무담당자(Action Officer)* : 기관의 행정이나 기능 및 활동을 수행하는 담당자. 또는 사무담당자(desk officer)라고도 함

- 기록의 처리 관련, 아키비스트

  > *아키비스트(Archivist)* : 보존기록관리를 전문적으로 담당하는 사람

- 전자적인 자료나 여타 정보자료 관련, 정보관리자

  > *정보관리자(Information Manager)* : 정보관리를 전문적으로 담당하는 사람

또한, 기록관리자나 선임행정가는 새로운 관리체계의 도입이나 변경사안을 승인하는 정책입안자와 협력한다. 그 협력정도는 조직규모와 기록관리 실무자의 직위에 따라 좌우된다. 전문적인 선임 기록관리자를 배치하기에 충분한 규모를 갖는 기관(agency)이나 국(division), 지부(branch)에는 제한적이나마 기록관리기관에서 제공하는 재원으로 해당기관의 정책문제를 논의하고 해결할 수도 있다. 규모가 작은 기관에 적합한 지침에 대해서는 아래에서 살펴본다.

> 대규모 조직의 경우, 각 기관이나 국별로 기록관리 전문가를 둘 수 있으므로, 이들을 그 기관의 기록관리자(records manager)로 볼 수 있다.

(4) 기능적 권한(Functional Authority)

조직의 기록관리 책무는, 가능하다면 각 기관이나 국의 기록관리자에게 위임하고 그 권한 범주를 기관 전체에 공표한다.

특히, 기관의 기록관리자에게는 이 모듈에서 기술한 바와 같이, 기록관리체계를 수립하고 그 체계를 운영하는데 필요한 절차를 구성할 수 있는 권한이 주어져야 한다. 즉, 모든 부처나 부서의 장에게 기록관리체계를 확실히 실행할 수 있도록 협력하라는 지시를 내릴 수 있다면 이는 최고의 권한이다.

기관장과 기록관리기관의 장은 기록관리체계를 실행하고 통제하는데 필요한 설명자료를 배포한다. 기관의 기록관리자는 무엇보다도, 전문적인 지식이나 전문적인 표준에 기반하여 개인의 권한을 정립한다.

(5) 전문적인 지원(Professional Support)

조직의 기록관리자는, 기록관리기관의 장에게 기술적인 전망이나 전문적인 조언뿐만 아니라 상위부서와의 협의를 요청할 수 있다. 기록관리부서와 기록관리기관의 직원이 서로 협력하기 위한 메커니즘을 마련한다. 기록관리기관에서는 실무교육이나 수행사항을 모니터하고 측정한다.

(6) 소규모 기관(Small Agencies)

자체적인 기록관리체계를 갖춘 소규모 기관의 경우, 항상 적절한 교육과 관리기술을 갖춘 헌신적인 기록관리자를 채용할 수 있는 것은 아니다. 이런 환경에서는, 몇 개의 기관을 관할하는 기록관리자나 집중적인 기록관리기관에 있는 기록관리전문가에게 그 관리권한을 할당할 필요가 있다. 기록을 서비스하는 부서의 장은 기관이나 모 기관(parent organisation)의 정책입안자와 협의하여 기록관리기관에서 기술적이거나 전문적인 조언을 확실하게 지원받을 수 있도록 준비한다.

(7) 인력(Staffing)

기록관리체계의 질(質)은 그 체계를 운영하는 직원의 질과 직접적으로 관련된다. 잘 교육받은 전문지식과 상당한 경력을 보유한 근면한 사람만이 기록관리를 할 수 있다는 공감대가 형성되어야 한다. 기록관리는 무능력하거나 게으른 사람이 마지막으로 쉬러 오는 곳이 아니라는 인식이 공유되어야 한다.

> 기록관리는 전문적인 능력(career) 이 있어야 한다.

기록관리기관의 장과 협력하는, 기관의 기록관리자는 직원을 적절히 교육하고 업무담당자가 자신의 역할을 구체적으로 인지할 수 있도록 책임진다. 이러한 교육과 지도에 적합한 표준, 업무편람, 지침을 개발한다.

(8) 시설(Accommodation)

기록실은 타이핑실 등 여타 행정실과 구분하여 업무담당자가 쉽게 접근할 수 있는 곳에 둔다. 규모는 기록과 그 관리를 책임지는 직원이 지내기에 충분한 규모여야 한다. 보안시설을 갖추고 기록의 하중을 충분히 지탱할 수 있는 구조여야 한다.

(9) 장비와 문구류(Equipment and Stationery)

기록실에는 현용기록을 보관하는데 적합한 장비를 충분히 갖추고, 적합한 기록철 표지, 기록철 상자와 문구류를 적절히 보유할 수 있어야 한다. 관리서식을 항상 비축하고 통제한다.

(10) 재정(Finance)

위에 언급한 모든 재원의 필요조건은 충분한 투자이다. 기록관리부서에서는 매년 그 기능을 적절히 수행하기에 충분한 재정을 평가하고 전망한다. 부서에 독자적인 예산이 편성되는 것이 이상적이지만, 불가능하다면 상위기관에서 적정한 예산을 승인받을 수 있어야 한다.

재정이 부서의 독자적인 예산으로 편성되어 있든 기관의 예산에 포함되어 있든 정해진 우선순위에 따라 알뜰하게 관리한다. 돈에 대한 가치는, 효과적이고 경제적인 기록관리 프로그램을 지원하는데 필요한 직원·시설·장비 및 비품에 대한 지출 프로그램으로 이뤄진다.

> 기록관리 프로그램에는 전문적인 인력과 충분한 재원이 계획되어야 한다.

[연습 16]

독자가 소속된 기록관리부서의 현재 상황을 다음에 준하여 간단히 기술하라:
  전문적인 지원
  직원의 수준
  시설
  장비와 소모품
  재정

또, 각 영역의 상황을 호전시킬 수 있는 변화요소 세 가지를 서술하라. 이러한 영역에 대한 세부적인 정보를 갖고 있지 않을 수도 있지만, 아는 한 적어보라.

---

3. 기록관리 마케팅(Marketing Records Management)

기록관리자가 기록관리체계를 조직 전반에 확산시키기 위해서는 개인의 기능적 권위, 법규, 정책에만 의존해서는 안 된다. 기록관리의 이득을 광고하는 마케팅이 필수적이다.

기록관리자는 최고관리자와 기관, 부처의 장에게 기록관리를 '팔(sell)' 필요가 있다. 기록관리프로그램으로, 기관의 업무활동에 필요한 정보를 두루 공급하여 기관의 목적과 목표를 성취하는데 도움을 줄 수 있다는 점을 강조한다. 조직 전체의 모든 관리자나 직원이 이 체계의 공동소유자라는 인식을 심어주기 위해 문서로든 구두로든 의사소통하고 협의하는 마케팅이 필요하다.

> 적절한 지원을 확보하기 위해 기록관리를 마케팅 하는 것은 필수적이다.

더욱이, 마케팅은 잊혀진 후 행하는 어떤 것이 아니다. 이익이 발생하는 상황이든 재정적으로 곤란한 상황이든 기록을 관리해야 하는 이유를 지속적으로 선전한다. 그 방법으로는 적절한 교육, 지원, 표준 및 업무편람, 지침 등의 유지, 인식제고, 여타 증진활동 등이 있다. 기록관리의 중요성을 분명히 인식시키고 훌륭한 실무를 진행하여 가능한 한 모든 기회를 마련한다.

또한 약속된 서비스를 제공하는 것은 필수적이다. 즉시성, 정확성, 신뢰성, 기밀성을 보장해야 한다. 불평사항은 신속하고 만족스럽게 처리한다. 서비스 공략대상을 설정하고 모니터한다. 돈의 가치를 상쇄할 수 있도록 재원을 합리적으로 관리한다.

> 기록관리부서는 효과적이고 효율적으로 운영되어야 계속적으로 지원받을 수 있다.

마케팅에 대한 상세한 정보에 대해서는 『기록물 서비스의 전략계획(Strategic Planning for Records and Archives Services)』을 참고하라.

> **[연습 17]**
> 독자가 소속된 기록관리부서에는 기록관리를 마케팅 하는 적절한 프로그램이 있는가? 있다면, 간단히 기술하라. 없다면, 기록관리부서의 서비스를 마케팅 할 수 있는 방법에 대한 계획을 간단히 작성하라. 강조하고자 하는 요점은 무엇인가? 독자는 마케팅 계획을 통해 누구의 관심을 유도할 것인가?

4. 서비스 공략대상과 수행측정(Establishing Service Targets and Performance Measurement)

서비스 공략대상을 구성하고 모니터하는(또는 수행측정으로도 알려진) 것은 기록관리 프로그램의 효율성을 평가하고 상위 관리자에게 이익을 입증하는 방법으로 유용하다.

수행측정에 대해서는 『기록물 서비스의 전략계획(Strategic Planning for Records and Archives Services)』에서 상세히 다룬다.

비록 양적으로 측정하는 것이 실행수준의 유지 및 개선에 필요한 재원을 산출하는데 유용하지만, 수행측정은 기록관리부서의 활동수준을 계량화하는 것 이상이다. 오히려 서비스 공략대상을 구성하고 모니터 할 때는 부서의 자료이용(산출)과 서비스에 제공되는 재원(투입) 간의 상관성을 측정하는 방식으로 전개한다.

새로운 기록관리체계를 도입할 때는 달성 가능한 개선사항을 계량화하고 증명하는 것이 중요하다. 이를 위해서는 기록관리체계 도입 전후의 기록관리 활동을 측정하는 것이 필요하다. 시행 전에 측정된 수치가 '기준'이 된다. 기록 검색의 속도나 신뢰성 개선을 계량화하는 것은 새로운 체계의 도입효과를 입증하는 근거가 된다. 더욱이, 개선사항이 입증되면 새로운 공략대상을 구성할 수 있다.

> 수행측정은 결과를 계량화하고 강점과 약점을 인지하는데 도움이 된다.

통계정보를 수집하고 평가하는 데는 시간을 투자해야 한다. 그러므로 수행측정의 목적에 확실히 부합할 수 있는 사실과 도표를 수집하는 것이 중요하다. 더욱이 주요 활동영역으로 다뤄야 하는 서비스 공략대상을 선택하는 것이 중요하다. 현용기록 서비스 공략대상은 다음과 같다.

- 접수문서의 등록과 회람
- 업무담당자가 요구하는 기록 인지와 전달

현용기록관리와 가장 밀접한 양적측정(quantitative measures)은 다음과 같다.

- 수발신문이나 여타 문서의 건수
- 신규기록철의 생산량
- 업무담당자가 요구하는 보유 기록철 수
- 폐기하거나 기록관으로 이관하는 기록철 수

다음 영역의 수행을 측정할 수 있다:

- 서비스의 질
  기록실에서 제공한 서비스에 업무담당자가 나타내는 만족도(퍼센트) 등
- 목적달성과 소요시간
  접수문서의 등록 및 회람을 접수 4시간 이내 95% 처리 완료 등
- 돈에 대한 가치
  업무 처리된 수발신문 건수 대비 비용, 처리 요청된 기록철 대비 비용, 보유 기록철 대비 보존비용 결정 등

[연습 18]

독자가 소속된 조직에서 서비스 공략대상이나 수행측정을 한 적이 있는가? 있다면, 측정방법을 간단히 기술하라. 없다면 수행측정을 발전시킬 수 있는 방법을 간단히 계획하라. 조사영역은 무엇인가, 어떻게 수행만족도를 측정할 것인가?

요약

제3과에서는 기록관리체계를 위한 틀이나 인프라 구축원리와 필요를 분석하는 개념에 대해 알아보았다. 체계의 틀을 설계하는 주제와 관련하여 다음을 다루었다.

- 법규
- 기록관리부서의 위상
- 여타 전문가와의 협력
- 기능적 권한
- 전문적인 지원
- 소규모 기관
- 인력
- 시설
- 장비와 문구류
- 재정
- 기록관리 마케팅
- 서비스 공략대상과 수행측정

학습문제

1. 필요분석이란 무엇이고 어떤 목적을 갖는가?

2. 요구분석에서 다루는 4가지 영역이란 무엇인가?

3. 기관에서 자체적인 기록관리체계를 수립해야 하는 이유는 무엇인가?

4. 법규는 바람직한 기록관리에 얼마나 중요한가?

5. 법규나 권한문서에는 어떤 요소가 포함되어야 하는가?

6. 기록관리부서는 조직에서 어디에 위치하는 것이 최선인가?

7. 기록관리자는 여타 어떤 전문가와 협력해야 하는가?

8. 기록관리자가 조직 내에서 기록을 책임져야 하는 이유는 무엇인가?

9. 기록관리자에게는 어떤 전문적인 지원이 필요한가?

10. 소규모 기관에서 기록관리 권한을 부여하는 최선의 방법은 무엇인가?

11. 기록관리자가 잘 훈련받아야 하는 이유는 무엇인가?

12. 기록실에는 어떤 시설이 필요한가?

13. 기록실에는 어떤 장비와 문구류가 필요한가?

14. 기록관리부서를 운영하는데 왜 적절한 재정이 필요한가?

15. 마케팅의 개념은 무엇인가?

16. 기록관리자가 기록관리를 마케팅 해야 하는 이유는 무엇인가?

17. 서비스 공략대상을 결정하는 목적은 무엇인가?

18. 서비스 공략대상을 정할 때 어떤 과제가 있는가?

19. 어떤 수행영역을 측정해야 하는가?

연습 : 조언

[연습 13-18]

[연습]은 이 과에서 제공된 정보와 독자의 실제 상황을 비교해 볼 수 있도록 기획되었다. 독자는 자신을 관리책임자라고 가정하고 가능한 한 [연습]에 상세히 답한다. 그때 이 과의 제안내용과 독자의 답을 비교하라. 독자가 자신의 답을 수정하거나 조직의 요구에 맞게 제안사항을 적용할 수 있는 방법을 생각하라.

이 질문의 정답과 오답은 따로 없다. 독자가 이 모듈에 제공된 정보를 어떻게 자신의 환경에 적용하고 이용할 것인가가 중요하다.

제4과 바람직한 레코드키핑 체계 정립(Building Sound Record-Keeping Systems)

앞서 2, 3과에서는 기록통제원리와 기록관리체계의 틀에 대해 살펴보았다. 이 과에서는 바람직한 레코드키핑 체계를 수립하거나 기존의 체계를 강화할 수 있는 원리와 실무에 대해 알아보고, 이어서 기록을 통제하는 구체적인 메커니즘과 절차에 대해 상세히 살펴본다. 이는 효과적인 기록관리체계를 수립하는데 기록의 통제가 필수적이기 때문이다.

이 과에서는 다음 주제를 다룬다.

- 변화하는 요구사항에 부응하기
- 기록통제의 붕괴
- 레코드키핑 체계의 전략적 목적
- 레코드키핑 체계의 요구사항 분석
- 종결기록철(closed file)의 분명한 처리
- 집중통제 또는 분산통제
- 통제기능과 그 시점

1. 변화하는 요구사항에 부응하기(Responding to Changing Requirements)

새로운 레코드키핑 체계를 도입해야 하는 상황은 다음과 같다.

- 레코드키핑 체계가 붕괴되었을 때

- 레코드키핑 체계가 정보 요구사항에 부합하지 못할 때
- 조직을 신설하거나 기존 조직을 재구성할 때
- 조직에 전자적인 정보체계를 도입할 때

새로운 레코드키핑 체계를 도입해야 하는 이유가 무엇이든, 이를 위해서는 기본적으로 그 체계를 분석하여 업무과정과 활동을 이해한다. 그러면, 기록시리즈, 분류 및 코드부여 체계, 보존 및 처리를 정할 수 있다. 레코드키핑 체계가 조직의 기능·활동·사안에 부합되지 않으면 결코 요구사항을 만족시킬 수 없다.

초기조사와 분석을 통해, 체계의 주요 업무가 잘 실행되는지 특정부문에서 오류가 발생하고 있는지(예를 들어, 업무담당자가 필요로 하는 정보를 찾을 수 없다든지)를 알면, 통제 메커니즘을 변경해야 할 필요요건은 분명하다. 조사결과 레코드키핑 체계에서 (예를 들어, 특정주제와 관련된 기록건이 여러 기록철에 흩어져 있다든지) 기록이나 정보를 포착할 수 없다면 기록철 관리체계를 재구성해야 한다. 조사, 분석을 마치면 사무실의 현용기록 가운데 비현용기록을 제거하여 혼잡을 완화시키는 등 개선이 필요한 부분을 정할 수 있다.

> 레코드키핑 체계를 분석하는 것은 기록을 재구성하는 모든 활동의 기본이다.

동일한 분석을 통해, 비효율적인 체계의 일부분만을 개선할 것인지 아니면 전체를 완전히 정비할 것인지 판단한다. 조직에서는 레코드키핑 체계가 붕괴되어 필요한 정보를 적시에 지원받지 못할 때 새로운 체계의 도입을 고려하게 된다. 그러나 기록통제나 새로운 체계를 도입할 때는 그 세부단계를 논의하기 전에 체계붕괴의 원인과 결과를 살피는 것이 우선이다.

근본적인 기록관리체계의 재구성에 대한 필요성은, 민원부서(civil service)의 장과 기록관리기관의 장이 먼저 인지할 수 있다. 기관의 기록관리자는 기록관리기관의 장과 협의하여 변화요소를 두루 살펴야 하고, 전문적인 기록관리를 거의 하지 않던 기관이라면 기록관리기관에서 주도적으로 실무를 재구성하게 된다.

> **[연습 19]**
>
> 독자가 소속된 조직에서 다음 상황이 발생한 적이 있는가?
>
> 레코드키핑 체계가 붕괴되었다.
> 레코드키핑 체계가 정보의 필요요구에 부합하지 못하였다.
> 새로운 조직을 신설하거나 기존 조직을 재구성하였다.
> 조직에 전자적인 정보체계를 도입하였다.
>
> 해당 상황을 기술하고 레코드키핑을 고려했는지 설명하라. 예를 들어, 체계 붕괴 이후 체계를 개선하려는 시도가 있었는가? 컴퓨터를 이용한 체계를 도입할 때, 처리 절차에 변화가 있었는가?

2. 기록통제의 붕괴(The Breakdown of Records Control)

전통적으로 조직에서 기록을 통제하는 체계의 중심에는 기록실이 있다. 이를 등록소라고도 한다.

등록소에서는 기록의 모든 통제요소를 책임진다. 그러나 등록소의 역할은 종종 문서를 수발하고 등록하고 편철하는 일상적인 업무로 변질되곤 했다. 결과적으로, 등록소의 효율성은 약화되고 그 위상도 위축되있다. 이로 인해, 능력과 성취도가 낮은 직원에게 기록관리업무를 분장하는 잘못된 인식이 양산되었다.

기록을 통제하는 주요 요소시리즈 통제, 등록, 분류, 색인 추적, 처리에 대해서는 제2과에서 소개하였다.

불운하게도, 기록의 등록이 부진하면 등록체계 자체가 붕괴되곤 한다. 행정기구가 소규모 부속실(secretariat) 체제에서 주 정부나 대규모 조직으로 팽창되면서 경우에 따라서는 문서업무의 증가로 인해 등록소가 압도되기도 하였다.

> 등록소나 기록실에서는 모든 기록통제요소를 책임진다.

기록건이나 기록철을 취급하는 체계가 붕괴되고 분류 및 코드부여 체계가 쇠락하면 보존기록철이 넘쳐나도 가치 있는 것을 검색해 내지 못한다. 결과적으로, 조직의 보존공간은 바닥나고 기록건이나 기록철을 검색하지 못하는 일이 빈번해 진다. 직원은 기록을 검색하는데 오랜 시간과 노력을 헛되이 낭비하게 되고 게다가, 법규·감사(audit)·여타 설명책임을 다하는 적합한 기록을 제공하지도 못한다.

집중적인 등록체계가 붕괴되면, 행정부서나 집행부서에서 미 편철 기록건을 끝까지 보유하게 된다; 기록철은 더 이상 유통되지 않고; 그리고 등록소를 신뢰하지 않는 업무담당자는 별도의 편철체계를 구상한다. 정보는 조각조각 흩어지고 공유되지 않는다. 사실상, 기록관리체계는 미통제 상태로 분산되고 조직의 요구에 부응하지도 못한다.

이러한 문제를 해결하는 방안 가운데 하나는 집중통제아래 기록을 완전히 분산 관리하는 것이다. 통제체계를 재수립할 때는 일차적으로 집중통제와 분산통제 가운데 어떤 것이 조직의 필요에 더 잘 부합하는지 정한다.

집중통제와 분산통제에 관한 주제는 이 과 후미에서 다룬다.

조직전반의 기록관리업무를 책임지는 곳은 일반적으로 '등록소'나 '등록소 분실(sub-registry)'이라고 하지 않고, '기록관리부서'라고 지칭할 필요가 있다. 조직의 기록관리부서가 한 곳 이상이라면, '기록실'이라는 용어를 '총괄(또는 조직) 기록실'이나 '지역 기록실'과 같이, 구체적이고 다양한 명칭을 사용할 수 있다. 명칭의 변화는 기록담당자의 역할을 보다 정확하게 반영하고, 등록소의 전통적인 이미지에서 벗어나 관련 업무에 대한 관점을 높이는 데 도움이 된다.

기록관리부서(Records management unit) : 기관에서 기록의 생애주기에 따라 관리를 책임지는 행정부서임

기록실(Records office) : 기록관리부서의 하위 부서로, 현용기록의 접수·통제·보유를 책임짐

[연습 20]

독자가 소속된 조직에서, 기록 보유(care)를 책임지는 부서명은 무엇인가? 그 기관의 임무는 무엇인가? '기록관리부서'의 명칭을 변경하는 경우, 적당한 것은 무엇인가?

---

3. 레코드키핑 체계의 전략적 목적

기록의 집중관리와 분산관리는 감독 및 통제양상에 따라 결정된다. 조직의 기록관리방식은 해당 조직의 규모나 복잡성에 따라 기록관리기관이나 몇몇 기관을 담당하는 기록관리자가 결정한다.

이는 다음과 같은 단계로 수행한다.

- 적합한 레코드키핑 체계와 그 절차를 수립하고 유지한다.
- 이러한 체계와 절차수행에 필요한 표준을 정하고 모니터한다.
- 쉽게 이해할 수 있는 관련 업무편람과 지침을 제공한다.
- 기록서비스 직원과 업무담당자를 교육한다.
- 필요한 관리서식을 생산하고 유지함
- 기록철명의 통제권한, 적합한 분류·코드부여·색인체계를 수립한다.
- 다양한 문서(보고서, 지시, 위원회 회의록 및 문서 등)의 보유 및 편철책임을 분담한다.
- 분산체계에서, 편철오류의 시정, 부적합한 기록철명 조정, 단명의 문서나 복본의 편철을 방지하기 위해 모니터한다.
- 모든 기록을 확실히 보존한다.

- 핵심적인 기록 프로그램을 수립한다.
- 기록필요에 대응할 수 있도록 매체수록을 결정한다.
- 합의된 처리일정표에 따라 기록을 확실히 처리한다.

> 기록관리기능의 집중 또는 분산에 대해서는 지속적으로 통제해야 한다.

4. 레코드키핑 체계의 요구사항 분석(Analysing the Requirements of a Record-Keeping System)

제2과에서 기술했듯이, 적합한 기록관리체계를 수립하기 위해서는 반드시 업무체계분석을 선행한다.

업무체계분석의 원리에 대해서는 제2과에서 소개하였다. 더 상세한 것은 『업무체계분석(Analysing Business System)』을 참고하라

업무체계분석을 통해 조직의 업무방법과 정보이용방법을 이해한다. 조직의 정보필요 맥락에서 업무과정을 도식화하여, 특정기능과 활동을 수행하는 행정구조와 기록 및 정보의 흐름을 연계시키고 이를 기초로 새로운 레코드키핑 체계를 설계하거나 기존 체계를 개선한다.

업무체계분석에는 유용하고 실제적인 이점이 많다. 이를 통해, 기록관리자는 조직의 기록을 관리하는데 적합한 메커니즘을 창조하여 업무체계를 분할할 수 있다. 그리고 의사결정, 정책입안, 집행과정을 인지하고, 적합한 의사결정과 확실한 집행에 각각 어떤 정보가 필요한지 확인한다. 또, 레코드키핑 체계에서 업무수행을 지원하고 설명책임을 명확히 하기 위한 정보가 무엇인지 결정하고 이러한 정보를 기록하는 서식을 만든다.

> 업무체계분석을 통해 조직의 정보활동과 필요를 인지한다.

기록관리자는 업무체계분석을 통해 다음과 같은 구체적인 정보를 확보할 수 있다.

- 조직 내 정보의 흐름
- 업무처리에 이용되는 정보의 소장위치
- 필요로 되는 정보와 기존 정보 비교
- 업무흐름체계의 개발, 투입정보와 산출정보 확인
- 복본제거
- 적합한 기록의 형태
- 범주 간 기록의 관련성
- 기록의 논리적 배열인 시리즈
- 기록의 분류체계 설계
- 논리적으로 기록에 부여하는 참조번호
- 기록서고의 이상적인 위치
- 필수기록 인지
- 계속적인 가치를 갖는 기록 인지
- 레코드키핑 감사추적(audit trail) 제공
- 기록의 보존 및 처리일정표 개발

[연습 21]

독자가 소속된 조직에서는 다음과 같은 과제를 수행하고 있는가? 있다면, 효과적인가, 개선이 필요한가? 과제를 수행하고 있지 않다면, 그래도 적절한가?

기록을 생산, 보존할 때 복본을 제거하라
적합한 기록의 형태를 결정하라
기록의 논리적인 배열을 시리즈로 구성하라
기록 분류체계를 설계하라
기록서고의 이상적인 위치를 결정하라
필수기록을 인지하라
영속적인 가치를 갖는 기록을 인지하라
기록의 보존 및 처리일정표를 개발하라

---

(1) 기록조사(Conducting a Records Survey)

업무체계분석에서 기록을 조사하는 것은 중요한 요소이다. 조사를 통해, 조직의 기록과 그 소장위치를 확인하고 현재 기능 및 정보요구와 기록간의 관련성을 파악한다. 또, 기존 기록의 평가 및 처리예정제도에서 준현용기록과 비현용기록을 인지할 수도 있다.

> *기록조사(Records survey)* : 업무체계분석의 방법을 적용하며, 조직에서 보유하고 있는 기록의 분량, 물리적인 형태 및 유형과 상태, 소장위치, 보존시설, 축적비율 등 기본적인 정보를 수집함

조직의 기능 및 필요와 기록의 상관관계를 통해 기존 레코드키핑 체계의 타당성을 측정하여 근본적으로 재구성할 것인지 또는 최소한으로 개선할 것인지를 확인한다. 앞서 언급한 바와 같이, 기존 체계를 근본적으로 재구성할 경우 새로운 기록철 분류체계는 업무체계분석을 통해 개발된다.

(2) 새로운 체계나 개선체계의 도입(Introducing a New or Improved System)

기록실의 새로운 레코드키핑 체계를 도입하는 '최선의 실무'절차에 대해서는 『현용기록물 체계 재구축: 업무편람(Restructuring Current Records Systems: A Procedures Manual)』에서 상세히 기술하고 있으므로 이 과에서는 단계별 실무절차를 간단히 요약한다.

> *체계의 재구성에 대해 좀더 상세히 알고자 한다면 『현용기록물 체계 재구축 업무편람(Restructuring Current Records Systems: A Procedures Manual)』을 참고하라*

기록관리체계를 재구성하는 첫 번째 단계에서는 사업의 범주를 확실히 정의하고 공유한다. 기록관리기관의 장이나 선임관리자는, 조직이나 기관의 장 또는 선임자를 만나서 재구성 실무에 필요한 전폭적인 지원을 확실히 약속받는다. 그리고 이 두 기관에서는 다음 사항을 상세히 작성한다.

- 재구성 실무 및 전개범위
- 사항별 책임자
- 예상되는 산출물과 이익
- 비용
- 소요시간

> 체계를 재구성할 때는 사업범주를 상세히 정하고 소요시간 및 책임소재를 분명히 확인한다.

조직이나 기관의 장은 재구성 실무의 후원자로 선임관리자를 지명하고 그 책무를 서면으로 정의한다. 이 관리자는 관련 위원회의 장으로 실무 전반을 이끌고 조정할 수 있어야 하므로 근속기간이 충분한 사람이어야 한다. 후원자는 실무적인 모든 요구사항과 의문사항을 전반적으로 조정한다.

기록관리기관의 장은 기록관리기관의 직원이나 공신력 있는 곳의 여타 정보전문가로 구성되는 '재구성 프로젝트 팀'의 팀장이나 관리자를 지명한다. 또, 조직 내 기록담당자는 그들이 갖고 있는 실무내용으로 '재구성 팀'을 지원한다. 팀장은 팀 구성원에게 프로젝트 사업범주와 추진방법을 간략히 설명하고, 조직의 선임관리자나 중간관리자에게는 재구성 프로젝트의 사업내용과 추진일정 등을 설명한다.

프로젝트 팀의 구성과 관리에 대해서는 『기록서비스전략계획(Strategic Planning for Records and Archives Services)』에서 더욱 심도 있게 다루고 있다.

(3) 데이터 수집(Collecting Data)

기록관리체계를 재구성하는 실무의 일정이 마련되면 데이터 수집에 착수한다. 이는 세 단계로 구성된다.

- 배경정보 수집
- 기록조사

- 업무담당자 및 기록담당자와의 인터뷰

이러한 활동에는 예상치 못한 일이 우연히 일어날 수 있다. 예를 들어 직원과의 인터뷰에서 배경정보를 수집할 때 기대 밖의 사항을 알 수도 있다. 따라서 기록을 조사할 때는 반드시 기록담당자와 대담(對談)한다.

팀장과 프로젝트 책임자(facilitator)는 선임 직원과 만나 재구성 실무를 사전에 논의하고 제안된 업무일정을 공유한다.

① 배경정보 수집

팀장과 프로젝트 책임자는 사업에 필요한 배경정보를 수집한다. 모아진 모든 정보에는 수집날짜와 정보원을 기록해 둔다. 배경정보의 이용가능성과 범위는 조직마다 다르다.

배경정보를 모을 때, 전반적인 목적을 잊지 않는 것이 중요하다. 조직과 그 기능을 이해하고 업무수행에서 필요한 정보의 밑그림을 인지한다.

> 배경정보를 수집하는 것은 조직의 구조와 기능, 그리고 필요한 정보자료를 확보하기 위한 것이다.

② 기록조사 수행

팀원은 조직의 폭넓은 요구사항과 정보구조를 알기 위해 기록을 조사한다(기록 인벤토리나 기록 감사라고도 함). 조직에서 생산, 접수, 보유하고 있는 기록에 대한 정보를 종합적이고 체계적으로 수집하기 위해서는 모든 수준의 업무담당자나 기록담당자와 대담도 하고 질문도 주고받아야 한다.

'재구성 팀'에서는 기록조사를 통해 다음 사항을 확인한다.

- 어떤 기록이 있는가를 알고 그와 관련한 정보를 수집한다.
- 기록의 이용방법을 이해한다.
- 레코드키핑의 문제점을 인지하고 대안을 모색한다.

- 처리일정표를 개발한다.
- 기록관리업무의 개요를 제안하고 관심을 제고한다.

기록조사와 인터뷰 서식 등에 대해서는 『현용기록물 체계 재구축: 업무편람(Restructuring Current Records System: A Procedures Manual)』을 참고하라.

③ 인터뷰 수행

팀장은 선임 직원과의 인터뷰를 통해 조직의 정보를 잘 이해하고 기록을 조사하며 수집한 정보로 보완한다.

가능한 한 완벽하고 종합적인 정보를 모으기 위해 인터뷰하기 전에 질문사항을 신중히 준비하고 구조화한다.

(4) 데이터 분석(Data Analysis)

기록분석가는 조직구조와 운용을 검토하는 관리분석기술(management analysis technique)을 이용하여 조직의 업무와 필요정보를 확인하여 레코드키핑의 요구사항을 이해한다. 이러한 정보를 분석하여, 능률을 높이고 비용을 줄일 수 있는 실무체계 개선안을 권고한다. 조직의 구조와 정보의 생산·접수·이용방법을 흐름도(flow charts)로 보여준다. 예를 들어, 제이 케네디(Jay Kennedy)와 체릴 샤우더(Cherryl Schauder)의 『기록관리: 통합적인 레코드키핑 가이드(Records Management: A Guide to Corporate Record Keeping)』 개정판(멜버른, 호주: 롱만, 1998년), 37쪽 도표 2의 '우편물 접수흐름도'를 참고하라.

```
┌─────────────────┐
│ 문서 수발실에서 우편물 접 │
│ 수, 개봉함       │
└─────────────────┘
         ↓
    ◇수발신    →  ◇도서    →  ◇송장(送狀) →  ◇브로셔
     문인가?      인가?         인가?          등인가?
      ↓예          ↓예           ↓예            ↓예
   수발신담당에게  사서에게 인계  경리에게 인계  업무담당자에게
       인계                                      인계
        ↓예
    ◇업무담당자  아니오  기록책임자에게
     와 기록철을  →      조언의뢰
     아는가?
        ↓예
    업무담당자와  ←─────┘
    기록철 할당
        ↓
    기록철 위치지정 및
    배부
```

수집된 정보를 분석하여, 업무를 수행하고 기록을 생산하는 방법을 인지한다.

이러한 방법을 이용하여 '재구성 팀'에서는 조직의 각 부처에서 수행하는 기능 및 활동을 목록으로 작성하고 흐름도를 개발하여 다음 사항을 표현한다.

- 조직 내 부처 상호간의 내부적인 관련성

- 부처 내 각 사무실간의 내·외부 관련성과 투입정보 및 산출정보의 흐름
- 정보의 처리과정과 기록의 생산

또한, 팀에서는 인터뷰·조사 노트, 여타 정보를 분석하여 다음을 확인한다.

- 기록관리 실무는 무엇이고 누가, 언제, 어디서, 왜 하는가.
- 정보를 원활히 검색하기 위해 기록을 정리하고 통제하는가.
- 현재 기록의 운영절차는 조직의 기능, 활동, 실무, 규정상의 요구사항과 조직의 필요에 얼마만큼 부응하고 있는가.

팀에서는 조직 내 기록담당자와 조사결과를 긴밀히 평가하여 다음 사항을 결정한다.

- 등록소와 기록철의 보존제도를 개선할 것인가?
- 기록통제체계(등록, 분류, 색인, 추적, 평가 및 처리)를 개선할 것인가?
- 비승인자의 기록열람이나 기록의 망실을 방지할 수 있는가? 현용기록 서고의 환경과 보안은 잘 되어 있는가?
- 등록소와 기록철 보존배치를 개선할 수 있는가?
- 편철비품을 좀 더 효과적으로 사용할 수 있는 여지는 없는가, 개선하거나 교체할 필요는 없는가? 더 효과적으로 보존할 수 있는 다른 방법은 없는가?
- 기록을 종결지어 목록을 작성한 후, 기록관 및 여타 유지비용이 저렴한 서고나 보존기록 관리기관으로 이관할 것인가?
- 어떤 기록을 통합시킬 수 있는가?
- 어떤 기록을 기존 처리과정으로 폐기할 것인가? 이러한 기록을 어떻게 폐기할 것이며, 그 분량은 얼마나 되는가?
- 조직과 해당 부처의 기록관리 표준 작업량은 얼마나 되는가? 특정시점에 보유하고 있는 기록의 양은 얼마나 되고 이를 확인하는 사람은 누구이며 그 확인빈도는 어떠한가?
- 조직의 현용기록 증가율은 얼마나 되는가?
- 기록관리 종사자는 몇 명인가? 그들의 수준과 고용여건은 어떠한가?

이후 팀에서는, 조직의 정보요구와 조사된 기록의 조직을 흐름도로 연계시켜 다음을 수행한다.

- 정보요구에 기록의 생산과 운영절차를 부합시켜 기록관리 체계를 고안한다.
- 기록의 생산·접수·인수인계에 필요한 통제사항을 결정한다.
- 필요하다면, 새로운 기록 양식과 관리서식을 준비한다.
- 조직에서 기록을 이용하기 위해, 기능·활동·업무영역에 기반을 둔 통제어휘나 주제어 목록을 마련한다.
- 체계운영 및 실무에 필요한, 기록실·등록소·서고의 수나 위치, 기록담당자의 인원이나 수준을 산정한다.
- 준현용기록의 운영절차를 마련한다.
- 처리일정표 초안을 준비한다.
- 효율성을 높이고 비용을 절감할 수 있는 여타 실무방안을 권고한다.
- 새로운 체계의 운영에 필요한 기록담당자와 이용자 교육을 평가한다.
- 새로운 체계 운영방법을 설명하는 교육 프로그램을 설계하고 전파한다.

팀의 결론을 프로젝트 책임자와 논의한 후 기록관리기관의 장과 조직 및 기관의 장에게 상신하는 보고서를 작성한다. 이 보고서는 분명하고 정확해야 하며, 기록관리자를 대상으로 하는 전문적인 주제보다는 선임자의 실무주제를 다룬다.

기록관리기관의 장과 조직의 장이 이 보고서와 권고안을 승인하면 실무에 반영한다.

5. 집중 통제와 분산 통제(Centralised and Decentralised Control)

레코드키핑 체계를 재구성하는 것은 반드시 한 기록실에서 조직의 전반적인 기록을 집중관리하기 위한 것은 아니다. 조직이 크고 건물도 여러 개라면, 어느 정도 분산시키는 것이 필수적이다. 후자의 경우, 조직 전반에 걸쳐 레코드키핑 체계를 조정하고 서로 다른 체계를 이용하더라도 동일한 표준에 따라 가장 효과적으로 기록을 관리할 수 있다. 이를 위해 적합한 표준을 확실히 유지하고 준수하도록 한다.

분산된 기록관리체계는 신중히 운영한다.

분산통제는 신중히 검토하는 것이 바람직하다. 예를 들어, 총괄 기록실(central records office)은 본관(headquarters building)에 배치하고 조직의 각 건물에는 기록실 분실을 둘 수 있다.

지역이나 지방에 지소를 두는 조직구조라면, 각 지부마다 자체적인 기록관리체계를 둔다. 각 체계에서는 집중통제된다. 그 결과, 지소의 기록 운용기강이 확립되는 정도에 따라 더 많은 책임을 위임할 수 있다.

최근 몇 년간 많은 나라에서 기록분산체계를 도입하는 경향이 있다. 이 체계에서는 국이나 지부의 기록실 분실에서 기록철을 운영하는 일상적인 업무와 현용기록철의 보유 및 검색을 수행한다. 기록담당자는 조직의 업무체계나 기능에 정통하여 분류나 평가업무를 계획한다.

이러한 모든 기록관리 실무는 기록관리자가 이끄는 총괄 기록실의 전반적인 통제아래 수행된다. 전반적인 통제는 조직전체의 체계 및 표준을 확실히 준수하는 것이다.

특히 기록실에 랜(LAN) 등 네트워크로 연결되는 컴퓨터를 도입하면 분산화가 더욱 용이해진다. 왜냐하면, 업무담당자가 기록철을 종결시점까지 집중통제할 수 있기 때문이다.

컴퓨터 네트워크(Computer network) : 정보를 공유하거나 교환하는 이용자 그룹을 연결하는 통신과 연결된 주변(peripherals) 컴퓨터 그룹

근거리통신망(Local area network) : 건물, 기관, 대학과 같이 상대적으로 제한된 영역 안에서 사용하는 컴퓨터 네트워크임. 랜(LAN)이라고도 함

기록통제체계의 전산화에 대해서는 『기록물 서비스 자동화(Automating Records Services)』를 참고하라.

분산화 정도가 어떠하든, 각 기록실이나 그 분실과 국이나 지부의 기능-기록철 시리즈 구성단위-간에 일체성을 유지하는 것이 필수적이다. 조직 내에서 기능을 인수인계하면 기록실 간에도 기록철 시리즈를 이관한다.

기록 분산관리체계를 고려할 때는 다음과 같은 요소를 참작한다.

- 이용자 서비스가 개선되는가? 기록 접근이 용이해지는가? 다른 업무영역의 이용자 열람 빈도가 줄어드는가?
- 인력편성에 중요한 것은 무엇인가?
- 기록담당자가 더 필요한가? 직원의 능력은 충분한가?
- 서고와 장비는 어떠한가?
- 새로운 서고, 서가, 기록철 캐비닛이 더 필요한가?
- 추가적으로 필요한 재원이 충분히 제공되는가?
- 분산된 기록관리부서에 전문적인 지원과 지침이 필요할 때, 언제 지원할 수 있는가?
- 기록의 통제수준이 집중체계와 유사한가?
- 보안과 관련한 문제는 없는가?
- 산재되어 있는 시스템을 효과적으로 조정하고 유지하는가? 예를 들어, 최신 통제어휘나 주제어 색인을 효과적으로 전파시킬 수 있는가?
- 분산체계로 복본이 양산되지는 않는가?
- 평가 및 처리절차가 효과적으로 운영되는가?

[연습 22]

독자가 소속된 기관에서는 기록을 집중관리하는 체계인가, 분산관리하는 체계인가? 또는 두 가지 체계를 결합시킨 형태로 관리하는가? 독자가 생각할 때, 기록을 가장 잘 관리할 수 있는 방법은 무엇이며 그 이유는 무엇인가?

6. 미처리 종결기록철 해결(Clearing a Backlog of Closed Files)

새로운 레코드키핑 체계를 도입하거나 레코드키핑 체계를 개선하기 전에, 정기적으로 이용되지 않는 기록을 사무실에서 치우는 과정이 필요하다. 꽤 잘 운영되던 체계에서 조차도 현용기록 가운데 제거해야 할 것이 있을 수 있다.

오래되고 더 이상 이용되지 않는 기록철을 사무실에서 분리하면 레코드키핑 체계에 역동적인 변화를 가져오는데 도움이 된다. 이용도가 낮거나 가치가 없는 많은 양의 자료를 현용기록과 분리시키면 물리적인 조건이 크게 향상된다. 현재의 기능과 활동을 지원하는 현용기록만 서고에 두면 기록의 지적통제는 쉽게 회복될 수 있다.

미처리 기록을 사무실에서 제거할 때, 이용자에게는 중요기록을 폐기하지 않을 것이고 계속 접근할 수 있다는 점을 재차 강조한다. 보다 오래된 기록을 옮겨서 더 바람직한 순서로 배열하면 현용기록으로 보관하고 있을 때보다 그 접근성이 높아지는 것이 사실이다.

> 미처리 기록을 치우고 나면 기록의 접근과 이용을 크게 향상시킬 수 있다.

오래되어 이용빈도가 떨어지는 기록을 구분하기 위해 우선 아이템을 현용체계에서 제외시키는 종료시점(cut-off date)을 결정한다. 예를 들어, 기록철이 3년 동안 현용되지 않았다면 종결하여 현용체계에서 제외시킬 수 있다.

기록의 평가 및 처리과정에 대해서는 『기록물 평가체계 수립(Building Records Appraisal System)』을 참고하라

현용체계에서 제외시킨 기록을 시리즈로 편성하고 기록철 번호순으로 배열하여 평가한다. 먼저, 개괄적으로 정렬한 후 좀 더 세부적으로 배열한다. 이미 분류되어 있는 기록은 그 순서로 배치하거나 유지할 수 있다. 신뢰할 만한 분류체계가 없거나 혼란스러운 상황이라면, 기록을 주요 시리즈 안에 연대순으로 정리한다. 이를 통해 기록의 보존·검색·평가 및 이후 처리가 용이해 진다. 앞서 언급한 시리즈의 정의를 기억하라.

시리즈(Series) : 조직이나 개인의 동일한 기능이나 활동 또는 공통 형태로 기록철과 여타 기록을 정리하는 수준으로 기록의 생산·접수·이용과 관련됨. 기록철시리즈나 기록시리즈라고도 함

일반처리일정표(General retention schedules)나 기관특수처리일정표(Agency-specific retention schedules)를 적용한다. 처리일정표가 없는 경우에는, 업무체계분석과 기록조사를 통해 개발한다. 예를 들어, (기관의 특수한 사안이나 정책집행을 기록하는) 집행기록은 종결된 시점에서 10년 이내 재평가하고, 사무실의 일상과 관련되는 행정기록철이나 부서운영 기록철은 5년 후 재평가 한다

집행기록(Operational records) : 조직의 핵심기능을 수행할 목적으로 생산된 기록. 기능적인 기록(functional records)이라고도 함

행정기록(Administrative records) : 모든 조직에 공통되는 재원유지, 물리적인 시설 보유, 사무실의 일상적인 사무 등 여타 일반적인 행정활동과 관련되는 기록. 부서운영 기록(housekeeping records)이라고도 함

기록의 유형에 대해서는 다음 과에서 보다 상세히 다룬다.

사무실의 기록을 구분하여 가치가 낮은 기록을 폐기할 때는 동의를 구한다.

모든 단명의 기록, 비 기록, 도서자료는 기록과 분리한다. 조직 활동에 대한 주요 정보가 없는 단명의 자료는 보존기록관리기관으로의 이관을 검토할 때 폐기한다. 더 이상 필요치 않은 출판물은 적합한 도서관에 제공한다. 계속 요구되는 비 기록과 출판 자료의 경우에는 기록관리부서에서 관할하는 '기록 센터(documentation centre)'나 별도 서고에 보관한다.

> *단명의 기록(Ephemera)* : (광고물, 전화카드, 공고, 브로셔, 티켓 등) 일시적인 가치에서 이용되는 비공식적인 문서

기록을 현용체계에서 분리시킬 때는 항상 활동주제를 구성하여 평가 및 처리체계를 통해 향후 또 다시 간과되지 않도록 한다. 이러한 절차로 인해 장차 더 심각한 문제가 발생하지 않아야 한다. 예를 들어, 인지된 종결기록철은 보유기간 동안, 시리즈나 기록철 번호별로 목록을 작성하고 상자에 편성하여 기록관과 같은 현용기록 중간서고로 옮긴다. 동시에, 평가 및 처리행위와 처리날짜를 각 시리즈 별로 결정한다. 경우에 따라서는 정책문서의 사례와 같이 각 기록철별로 처리해야 할 수도 있다.

기록을 저렴한 서고로 이관하는 절차에 대해서는 『자료관의 기록물 관리(Managing Records in Records Centres)』에서 더욱 상세히 다루고 있다.

> *기록으로 인해 장차 보다 심각한 문제가 발생하지 않도록 항상 기록의 평가 및 그 처리행위를 제시한다.*

> **[연습 23]**
> 독자의 조직에는 현용되지 않는 기록, 오래된 기록, 오래전에 구분해야 했을 기록이 있는가? 가능한 한, 그러한 기록을 설명하고 얼마나 오래된 기록인지 기록에 표현된 기능이나 활동이 무엇인지 결정해 보라. 독자의 판단에 따라, 그러한 기록을 옮기는 것이 가능하겠는가? 기록을 어디로 옮길 수 있겠는가? 기록관, 보존기록관리기관?

7. 통제시점 인지(Identifying Control Points)

레코드키핑 체계에서는 기록의 생산, 접수, 배부, 이용, 처리절차 전반을 '관리서식'에 기재해야 그 효과를 인지할 수 있다.

관리서식의 생산과 그 구체적인 단계는 『현용기록물 관리 : 업무편람(Managing Current Records: A Procedures Manual)』의 제7, 8과에서 상세히 개괄하고 있다.

관리서식(Control documentation) : 기록의 생산, 보유, 이용, 처리를 모니터하고 기록하여 관리하는 정보임. 관리기록(control records)이라고도 함

기록관리절차상 관리서식이 필요한 시점은 다음과 같다.

- 기록건 생산 예) 업무담당자의 시행문 작성
- 기록건 접수 예) 조직외부의 접수문 이나 전자우편 수령
- 기록건 배부 예) 시행문 이나 전자우편
- 기록철 생산
- 등록소와 직원 간 또는 직원 상호간의 기록건 인수인계
- 기록철에 기록건 편철
- 서고안의 기록철이나 기록건 검색
- 등록소와 직원사이 또는 직원상호간의 기록철 인수인계
- 적합한 보관위치에 기록철 배치
- 기록철의 두께나 특정시기를 기준으로 한 기록철 종결
- 기록철 서고위치 변경 예) 현용서고에서 준현용 서고로 이동
- 준현용 서고의 기록철 검색 또는 반환
- 준현용 기록철의 인수인계
- 더 이상 가치가 없는 기록철 폐기

전자적인 환경에서는 문서의 변경이나 삭제사항 등 실무흔적을 시스템 표준규격에 따라 관리한다.

이렇게 통제하지 않으면 기록관리체계가 붕괴되고 기록을 다른 곳에 잘못 두거나 망실하게 된다.

> **[연습 24]**
>
> 독자의 조직에서는 다음 사항에 대한 관리서식이 있는가?
>
> 기록건의 생산
> 기록건의 접수
> 기록철의 생산
> 기록철의 종결
> 기록철의 서고위치 변경 예) 현용서고에서 준현용 서고로 이관
> 더 이상 가치가 없는 기록철의 폐기
>
> 독자는 관리서식을 개선해야 한다고 생각하는가? 어떻게 개선하겠는가? 개선할 부분을 간단히 기술하라.

(1) 관리서식(Control Documentation)

적합한 서식을 생산, 유지하여 레코드키핑 체계 전반을 통제한다. 종이서식이 대부분이지만, 이제는 가능한 한 전산화된 기록관리서식으로 대체될 것이다.

> *관리서식으로 기록체계를 통제하고 실무의 일관성을 확실히 유지한다.*

수작업으로 제도를 운영하든 컴퓨터로 하든 또는 양자를 혼합하든 다음 요소가 있어야 한다:

- 수발신문등록부(correspondence registers)
  수발신문과 여타 내·외 통신문의 접수 및 배부와 접수문이나 배부된 수발신문의 소장위치를 기록함
- 분류나 코드부여 체계
  기록철이나 기록건을 논리적으로 적합한 위치에 할당하고 참조번호를 생성함
- 기록철등록부(file diaries)
  생산된 기록철을 각각 기록함

제4과 바람직한 레코드키핑 체계 정립

- 기록철개요도(file plans)
  분류 및 코드부여 체계 안에 각 기록철의 존재와 소장위치를 기록함
- 분류체계와 기록철명의 색인과/또는 목록
- 색인 통제목록
- 추적기록(tracking records)
  기록철의 인수인계사항을 기재하여 소장위치를 항상 확인할 수 있도록 기재함
- 이관기록(transfer records)
  준현용 기록철을 현용체계보다 더 저렴하게 운영되는 서고로 옮기고 필요시에 검색할 수 있도록 기재함
- 처리일정표(disposal schedules)
  처리행위 권한과 평가결정을 기재함(분류 및 코드부여체계 실무와 결합됨)
- 처리기록(disposal records)
  처리일정표에서 승인된 처리행위 집행을 기재함

이러한 통제체계에 대해서는 다음 부분이나 『현용기록물 관리 업무편람(Managing Current Records: A Procedures Manual)』에서 상세히 다루고 있다. 준현용기록의 취급에 대해서는 『자료관 기록물관리(Managing Records in Records Centres)』에서 심도 있게 다루고 있으며, 처리일정표는 『기록물 평가체계 구축(Building Records Appraisal Systems)』에서 설명하고 있다.

요약

제4과에서는 건전한 레코드키핑 체계를 수립하는데 필요한 원리와 실무를 살펴보았다. 변화하는 기록요구에 부응해야 할 필요성과 기록통제체계의 붕괴, 레코드키핑 체계의 전략적인 목적에 대해 설명하였다.

기록조사나 직원인터뷰를 통해 수집한 데이터나 업무체계분석을 통해 새로운 체계의 요구사항을 확인하는 방법과 기록을 집중통제하거나 분산통제하는 조건을 알아보았다. 미처리 종결기록의 정리절차를 개괄하고, 레코드키핑 체계에서 기록을 통제하는 이상적인 시점을 소개하였다.

학습과제

1. 새로운 레코드키핑 체계의 도입을 검토해야 하는 상황 세 가지를 기술하라

2. 기능분석은 왜 레코드키핑 체계를 개발하거나 개선하는데 주요한가?

3. 등록소는 무엇인가?

4. 등록소나 기록실의 책무는 무엇인가?

5. 기록관리부서는 무엇인가?

6. 레코드키핑 절차를 통제하기 위해 수행해야 하는 최소 8단계를 기술하라

7. 기록관리자는 업무체계분석으로 어떤 이점을 얻을 수 있는가?

8. 기록조사는 무엇인가?

9. 레코드키핑 체계를 평가할 때 왜 기록을 조사하는가?

10. 기록관리체계를 재구성하는 실무계획의 사업범주(terms of reference)는 어떻게 정의되는가?

11. 기록관리체계를 재구성하는 실무를 추진하는 세 단계는 어떻게 이뤄지는가?

12. 배경정보를 취합하는 목적은 무엇인가?

13. 기록관리체계를 재구성하는 팀에서 수행하는 기록조사는 무엇인가?

14. 기록을 조사할 때 인터뷰를 하면 무엇을 보완할 수 있는가?

15. 데이터를 분석하기 위해 정보를 얼마나 확보해야 하는가?

16. 기록관리체계 재구성 실무를 수행하기 위해 필요한 질문을 5가지 이상 들어보라

17. '기록관리체계 재구성 팀'에서 조직이 필요로 하는 정보를 연구하는 활동 10가지는 어떤 것이 있는가?

18. 기록의 집중통제와 분산통제의 차이는 무엇인가?

19. 분산적으로 기록을 통제하고자 할 때는 무엇을 고려해야 하는가?

20. 새로운 레코드키핑 체계나 개선된 레코드키핑 체계를 도입할 때, 정기적으로 이용되지 않는 기록을 처리하는 것이 왜 중요한가?

21. 기록을 현용체계에서 분리시킨 후 어떻게 조직해야 하는가?

22. 집행기록과 부서운영기록의 차이점은 무엇인가?

23. 현용체계에서 기록을 제외시킬 때, 장차 중대한 문제가 유발되지 않도록 하기 위해서는 어떤 단계를 밟아야 하는가?

24. 관리서식은 무엇인가?

25. 기록절차상 언제 관리서식이 필요한가?

26. 전형적으로 통제체계를 구성하는 요소는 무엇인가?

연습 : 조언

[연습 19]

[연습]은 이 과의 제안사항과 독자의 조직현실을 비교할 수 있도록 고안되었다. 독자의 조직에서 기록보유에 관하여 가능한 한 많은 정보를 찾아내라. 독자는 이 과에서 기록의 존재형태나 관리방법을 보다 분명히 이해할 수 있다.

[연습 20]

독자가 소속된 조직명이 변화할 때 정치적이고 조직적인 의미를 인지하라. 명칭에 따라 영향력에 변화가 있는가? 독자는, 독자가 소속된 조직의 행정에서 기록관리가 보다 중심적인 부분이 될 것이라고 확신하는가?

[연습 21]

절차를 개선하는 방법에 대해 이 과의 제안사항을 검토하라. 또한 독자는 이 연구 프로그램을 통해 더 많이 알게 될 것이다.

[연습 22]

집중체계와 분산체계 양자 모두 장, 단점이 있다. 기록을 분산관리할 것인가 집중관리할 것인가를 결정하는 것이 가장 주요하다. 이에 따라 조직이나 조직의 기록에 가장 좋은 이점이 있어야 한다.

[연습 23]

기록관리 실무가 갖는 공통적인 유용성은 혼잡을 줄이는 것이다. 기록을 이용하거나 거기에 소요되는 시간을 고려하여 향후 체계가 다시 혼란스러워지지 않도록 하는 것이 기록을 관리하는 기대효과이다.

[연습 24]

가능한 한, 양식이나 여타 관리서식을 확보하고 이를 면밀히 검토하라. 개선방법을 고려하라. 그리고 이러한 정보에 기초하여 독자는 다음 과에서 구체적으로 관리서식을 연구, 검토하라.

제5과

제5과 기록철시리즈 관리(Managing File Series)

지금까지 기록의 개념, 기록통제의 원리, 기록관리 프로그램의 틀(frame), 바람직한 레코드키핑 체계수립의 원리에 대해 살펴보았다. 제5과에서는 기록철시리즈 관리의 요구사항을 검토하고, 분류 및 편철체계에 코드를 부여하기 위한 일련의 조건을 알아본다. 이어서 통제체계와 기록철 및 문서의 관리과정에 대해서도 살펴본다.

이 과에서 다음 주제를 논의한다.

- 기록철의 유형
- 시리즈 내 기록철의 배열(arranging)
- 분류 및 코드부여 체계
- 편철체계의 유형
- 코드부여 체계의 유형
- 편철체계 기술
- 컴퓨터 내 기록철의 배열

1. 기록철의 유형(Types of Files)

기록철을 몇몇 범주로 구분하여 시리즈를 만들면 도움이 된다. 기관에서 생산되는 기록철은 다양하지만 공통적인 범주를 얼마간 인지할 수 있다.

- 조직의 정책 및 절차구성에 관한 정책기록철

정책기록철(Policy files) : 정책이나 절차를 구체화하는 업무 기록철

- 조직의 정책 및 절차를 실행하는 업무기록철 또는 주제 기록철(subject files) (정책을 개발할 때, 정책기록철과 집행기록철이 항상 분명히 구분되지는 않지만) 위의 정의를 기억하라.

집행기록철(Operational files) : 조직의 핵심기능을 수행하면서 생산되는 기록. 기능적 기록(functional records)이라고도 함

- 신축, 장비 및 소모품, 재정 및 인력이나 일반적인 기관내부의 행정사항 등을 다루는 (모든 기관에 공통되는) 행정기록철이나 '부서운영' 기록철

행정기록(Administrative records): 모든 기관에 공통되는 일반 행정 활동-재원유지, 시설보호(care), 여타 일상적인 사무실의 활동-에 관한 기록. 부서운영기록(house keeping records)이라고도 함

- 기관의 특정 기능과 활동을 반영하고, 개인이나 조직 등 광범위한 유사정보를 담고 있는 사례기록철(case files). 사례기록철에는 집행기록철(학교감찰기록철 등)이나 행정기록철(인사기록철 등)이 해당된다.

사례문서/기록철(Case papers/files): 구체적인 행위, 행사, 개인, 장소, 프로젝트, 여타 주제와 관련되는 문서(papers)나 기록철. 일건 서류(dossiers), 대장(dockets), 특정사건 문서(particular instance papers), 프로젝트 기록철(project files), 사안기록철(transactional files)

사례기록철은 개별 사례에 관한 정책이나 규정에 따른 업무의 실행과 관련되는 것으로 많은 설명이 필요하다. 시리즈 내 각 사례기록철은 내용이나 형태가 유사하지만, 각각 구별되는 사람, 기관, 장소를 다룬다. 사례기록철이 대량(기록철이 25개 이상) 생산되면, 정책·

집행·행정 기록철과 별도로 정리, 분류해야 한다.

> 사례기록철은 특정 사람, 조직, 장소, 여타 공통적인 특성과 연관된다.

정책·집행·행정·사례 기록철간의 구분을 인지하면 기록철시리즈 및 하위 기록철시리즈와 기록철명에 더 많은 특성을 부여할 수 있다. 또한 이러한 구분은 평가 및 처리 맥락에서 특히 중요하다.

[연습 25]

독자가 소속된 조직에서 다양한 기록철을 조사하고 다음에 해당하는 구체적인 사례를 들어보라.

　　정책기록철(policy files)
　　집행기록철(operational files)
　　부서운영기록철(housekeeping files)
　　사례기록철(case files)

각 기록철 유형에서, 기록철명을 부여하는 방법, 기록철을 조직하는 방법을 설명하라.

---

2. 시리즈 내 기록철의 배열(Arranging Files Within Series)

시리즈의 개념에 대해서는 제2과에서 다루었다.

시리즈나 시리즈 내 기록철의 배열은 가능한 한 간단한 구조로 보통 두 계층-시리즈, 하위 시리즈-을 넘어서는 안 된다.

일차적으로는 조직(이나 기관, 조직의 분산체계에 있는 국이나 부속기관의 구체적인 기능과 광범위한 활동(또는 과제))에 따라 시리즈를 구성한다.

그 하위계층에서 기록철은 기능이나 활동을 수행하면서 다뤄지는 구체적인 사안으로 구성된다.

대규모 편철체계에서는 기능과 활동으로 분명히 정의되는 시리즈 간 위계를 정립한다. 조직의 기능 가운데 하나인 '연수'를 예로 들어 보자. 소규모 조직의 연수기록철은 모두 하나의 시리즈에 넣을 수 있다.

규모가 큰 조직에서는 몇 개 하위구분을 해야 할 지도 모른다. 예를 들어, '연수'는 '내부연수', '외부연수과정', '전문가 연수', '해외연수' 등 몇몇 하위시리즈로 나뉜다. 실무목적에서 하위시리즈를 더 세분할 수도 있다. 시리즈 간의 상호연관성은 분류나 코드부여 체계에서 정리계층으로 나타난다.

소규모 조직		대규모 조직	
시리즈 :	연수	시리즈 :	연수
기록철 :	내부연수 외부연수과정 전문연수	하위시리즈 :	내부연수 외부연수과정 전문연수
		하위시리즈 : 기록철 :	내부연수 기록분류연수 비상대비연수 직원교육

시리즈의 분류는 다음 과에서 더욱 상세히 다룬다.

(1) 기록시리즈 이관(Transferring Records Series)

업무체계분석을 통해 구체적인 기능에 시리즈를 연결하면, 조직정비가 이뤄질 때 지역별 기록실 간에 기록철을 이관하기가 쉬워진다. 다음의 경우 기록을 이관하는 것은 필수적이다.
- 집행부서의 위치이동

- 부서의 기능이동
- 중앙정부에서 지방으로의 기능이동

보통, 조직이 정비되면, 오래된 기록철을 종결짓고 새로운 기록철시리즈를 만든다. 그러나 조직변화가 고위 행정부문에 국한되는 경우에는 기능이나 활동을 동일한 곳에서 동일한 직원이 동일한 방식으로 수행하므로, 같은 기록철을 계속 이용할 수 있다.

기관 내부에서 또는 기관 간에 기능이 이동되면, 현용기록시리즈뿐만 아니라 해당 기능과 관련되는 준현용기록에 대한 책임까지 인계한다.

> *책무를 이관하면 기록도 이관하거나 종결시켜야 한다.*

앞서 서술한 바와 같이, 시리즈는 평가나 처리의사를 결정하고 수행하는 주된 계층(the main level)이다.

[연습 26]

다른 조직으로 기능이나 활동이 이관되면, 기록을 어떻게 하는가? 독자의 소속기관에서 재조직하는가? 그에 따른 절차를 간단히 기술하라. 공식적으로 기록된 절차가 있는지 또는 기능이 정비될 때마다 새로운 방법을 고안하는지 확인하라.

---

3. 분류와 코드부여(Classification and Coding)

분류체계는 기록철과 기록건을 논리적으로 조직하는 것이다. 분류는 기록의 출처 즉, 기록이 생산되는 기능이나 맥락과 관련된다. 한편, 색인은 기록철이나 기록건의 주제를 대상으로 하고 맥락 등과는 구분된다. 제2과에서 다룬 정의를 기억하라.

> *분류(Classification)*: 분류체계 안에 표현된 논리적으로 구조화된 약속, 방법, 절차규정에 따른 범주로 기록을 인지하고 정리하는 과정
>
> *색인(Indexing)*: 기록에 접근할 수 있는 용어(access points)를 정의하고 적용하는 과정. *주기(Note)*: 일반적으로 이 용어는 알파벳순으로 구성됨

완전한 분류체계는 없다. 어떤 분류체계에서는 둘 이상의 주제영역과 관련되는 몇몇 아이템을 함께 묶기도 한다. 이런 경우 각 기록건이나 기록철에 색인으로 (일반적으로 통제어휘에 기반을 둔) 검색어를 두 가지 이상 지원하여 분류체계의 한계를 보완한다.

많은 정부와 업무의 편철체계는 '기능'에 기반한다. 기능이야말로 분류체계에 가장 논리적이고 유용한 구조를 제공한다. 기능은 조직의 넓은 책무와 업무영역을 표현하는 것이다. 조직의 기능은 주요한 업무영역으로 정의된다. 기능은 조직에서 수행한다.

> *기능은 조직의 목적과 관련되고 그 존재이유이다.*

더 하위의 활동은 조직에서 기능을 수행하는 방법(means)이다. 기능과 활동에 기반을 둔 편철체계에서는 기록을 그 생산근거인 업무에 따라 확실히 정리할 수 있다. 단순히 구성하라. 기능적 접근으로 동일한 활동과 관련되는 기록을 함께 연결하라.

> *활동은 조직에서 기능을 수행하는 방법이다.*

몇몇 분류 및 코드부여 체계에서는, 기록의 주제나 기록 생산부처 등 여타 요소를 고려해야 할지도 모른다. 미리 업무체계분석에 기반하여 대략적인 분류 및 코드부여 체계를 정하되, 구조·기능·활동·책무가 신설되거나 변경되면 이를 융통성 있게 수용할 수 있어야 한다.

이 체계에 조직의 업무를 완벽하게 그려 넣더라도 새로운 활동에 따른 신규 기록철을 추가시킬 수 없다면 가치가 없다. 업무체계를 꾸준히 분석하면서 분류체계와 코드부여 체계를 최적화할 수 있어야 하기 때문이다.

보통 분류체계에는 각각의 기록철이나 기록건에 고유한 참조번호를 부여하는 형식이 있다. 이를 코드부여라고 한다.

> 코드부여 체계(Coding system): 미리 정한 규정에 따라 분류체계를 문자와/또는 숫자로 표현함

특히 기록철 수준에서, 장래에 어떤 주제가 부각될 지 예견하기는 어렵다. 따라서 분류 및 코드부여 체계는 이미 고정되어 있는 것보다 필요할 때 할당할 수 있는 형태가 융통성이 있다.

일반적으로, 기록 간의 위계를 코드에 반영하면 할수록 새로운 주제나 코드를 추가하기가 점점 곤란해진다. 오늘날 빠르게 변화하는 행정환경을 고려할 때, 이 점을 마음에 새겨 두어야 한다.

> 코드부여 체계는 장시간의 성장을 수용할 수 있는 융통성을 가져야 한다.

코드나 참조번호를 부여할 때의 주안점은 다음과 같다.

- 분류대상인 각각의 아이템에 고유한 참조번호를 생성해야 한다.
- 가능한 한 간단해야 한다.
- 자명(自明)한 순서를 제공하여, 아이템을 논리적이고 예측할 수 있는 형태로 배열할 수 있어야 한다.
- 형태나 형식이 명백해야 한다. 예를 들어, 앞뒤 문자나 요소의 유무가 선택사항이어서는 안 된다.
- 각각의 요소를 분명히 구분할 수 있어야 한다. 예) AB/45/89/01

(1) 분류 및 코드부여 체계 선택(Selecting Classification and Coding Systems)

기록철의 분류 및 코드부여 체계는 다양하다. 그러한 체계를 선택하는데 견고하고 분명한 형식이 있는 것은 아니므로 다음 요소를 고려하여 올바른 편철체계를 선택한다.

- 조직의 규모와 복잡성
- 일련의 업무
- 기록철이나 여타 기록의 양
- 사례기록철의 존재
- 새로운 기록철과 기록의 생산비율
- 체계도입 및 유지비용
- 구체적인 기능과 활동을 반영하는 상호배타적인 범주 안에 기록철과 기록을 쉽게 조직할 수 있는 용이성
- 체계를 운용하고 지탱하는데 필요한 교육
- 기록담당자의 기술(skill)수준

[연습 27]

독자의 조직에서 기록이 분류되어 있거나 분류하고 있다면, 다음 사항을 반영하고 있는지 간단히 기술하라.

> 조직의 규모와 복잡성
> 일련의 업무
> 기록철과 여타 기록의 양
> 사례기록철의 존재
> 새로운 기록철과 기록의 생산비율
> 체계 도입 및 유지비용
> 기록철과 기록 조직화의 용이성
> 체계를 운용하고 지탱하는데 필요한 교육
> 기록담당자의 기술수준

- 기록철 분류체계는 업무나 조직의 요구사항을 지원할 수 있어야 한다.
  서비스대상 조직의 의사결정과 활동을 지원한다.
  이용자의 필요에 부응한다.
  가장 간단하고 용이한 최선의 해결책을 제공한다.
  비용효과가 있다.
  적합한 장비, 돈, 인력 등 재원을 확보할 수 있다.
  외부재원으로 운용 장비를 충당하지 않는다.

- 기록철 분류체계를 이해하여 사용하고 유지하는데 용이해야 한다.
  논리적이거나 상식적이다.
  기록담당자와 이용자가 이해할 수 있다.
  사람들의 기억에 의존해서는 안 된다.
  업무과정이 간단하다.
  운용자와 이용자의 신뢰감을 고취할 수 있다.

- 기록철 분류체계는 정확해야 한다.
  기록철이 어디에 있는지를 의심하게 되는 일이 적다.
  기록철을 빠르게 인지하고 검색할 수 있다.

- 기록철 분류체계는 완벽하고 종합적이어야 한다.
  모든 기록철을 포괄한다.
  장래에 생산될 지도 모르는 기록철도 포괄할 수 있다.
  확장, 축소, 재조직할 수 있는 융통성이 있다.

- 기록철 분류체계는 업무편람이나 교육 자료로 보완할 수 있어야 한다.
  분명하고 종합적으로 기재한다.
  모든 업무과정을 쉽게 따라 할 수 있는 단계로 설명한다.
  사례를 완벽하게 담을 수 있도록 모든 서식의 원본을 제공한다.
  교육프로그램을 지원한다.
  전문적인 조언이나 지침을 지원한다.

- 기록철 분류체계는 자동화하는데 용이해야 한다.
  워드프로세싱, 전산화된 색인작성, 데이터베이스 관리, 전산화된 레코드키핑 체계 등 자동화 계획의 유무와 관계없이 자동화하는데 유용한 형태이다.

도표 3: 기록철 분류체계의 요구사항

4. 편철체계의 유형(Types of Filing Systems)

가장 단순한 기록철 분류체계는 단일 시리즈에 기록철을 알파벳순으로 정리하는 것이다. 이 수준에서는 기록철 참조번호나 기록철명의 통제어휘, 색인이 없다. 이러한 체계는 거의 확장될 여지가 없는 소규모 사무실에서 30~50권 정도의 기록철을 기준으로 운영하기에 적당하다.

매우 작은 사무실에서 조차도 이렇게 단순한 체계로는 불편하다. 체계가 커질 때, 관련 주제를 다루는 기록철이 이미 있는데 새로이 기록철을 생산하는 등 위험이 있을 수 있다.

단순한 코드부여 체계에서는 기록철에 참조번호를 할당한다(예를 들어, 기록철 01, 기록철 02 등등). 그러나 이 체계는 여전히 불편할 수 있다. 가장 단순한 체계의 장·단점은 도표 4와 같다.

```
적용 :    단일 시리즈 기록 체계
         기록철 50권 이하
         이용자 수가 적음
         안정적인 체계

장점 :    이해용이성
         최소한의 비용
         규정이나 잘 훈련된 직원 불필요
         참조번호 불필요

단점 :    논리적이지 않은 임의적인 배열
         재정 의존성
         이용자 의존성 - 이용자가 명칭을 선택함
         체계 확장 시 검색곤란
         기록철 수 증가 시 편철오류 발생
         체계 확장 시 붕괴가능
         기록철 참고불가
```

도표 4: 단순한 알파벳 순 체계의 장점과 단점

기록철 분류체계가 안정적인 경우는 거의 없다. 새로운 활동과 주제가 개발되어 기록이 생산·접수되면 기록철 분류체계는 확대된다. 복잡한 체계는 기록철 내용에 대한 지식이 거의 없는 사람도 이해할 수 있는 논리적인 절차에 기반을 둔다. 사람의 지식이나 개인의 기억에 기반을 둔 체계는 유용하지 않다. 사무실에 사람이 없어서 기록철에 접근할 수 없다면 난처할 것이고, 그 사람이 그 지위에서 떠나면 체계를 알 수 없어 혼돈스런 상황이 일어날 수 있다.

체계의 규모에 따라 기록건이나 기록철의 검색 비율이 좌우되어서는 안 된다. 기록철을 빠르게 인지하고 검색할 수 있도록 체계를 설계한다. 즉, 통제 메커니즘이 효과적이고 업무수행에 적합하다면, 원리상 기록철 1권을 기록철 100권 중에서 찾든 기록철 800권에서 찾든 소요시간에 차이가 생겨서는 안 된다.

기록철 50권이나 그 이상의 기록철을 대상으로 하는 시스템에서는 최소한 조직의 활동이나 주제목록으로 분류지침을 삼거나 기록의 편철 및 검색을 통제할 수 있어야 한다. 더 큰 체계에서는 논리적인 분류구조, 통제어휘, 기록철 색인양식이 필요하다.

통제어휘, 색인과 관련한 일반적인 고려사항에 대해서는 제2과에서 다루었다.

이미 기술하였듯이, 기능과 활동을 분석하여 기록철 조직의 기반을 마련한다. 기능 및 활동에 기록철을 연결하면, 기록철은 업무패턴에 조응하게 된다. 이것이 잘 마련될수록 관련 아이템을 함께 관리하여 기록 탐색이 보다 용이해진다.

일반적으로 기록을 기능/활동에 기반을 둔 편철체계로 정리해야 가장 의미 있고 손쉽게 이해할 수 있다. 그러나 때때로 활동 간의 구분이 분명하지 않아서 기록철을 분류체계의 적절한 위치에 배열하는 것이 혼란스러울 수 있다.

예를 들어, '연수' 기록철과 '전산화' 기록철이라는 하위시리즈가 있다면, '컴퓨터 연수' 기록철은 어디에 두어야 하는가?

기록철을 기능적 범주에 할당하는 것은 곤란하다.

기능을 업무범주로 손쉽게 구분하지 못하는 경우도 있어서, 기능이나 하위기능에 따라 조직화되지 않을 수 있다. 업무성격이 때때로 계속 변화될 수도 있다. 더욱이, 기록 체계를 운영하는 직원이 그 위계를 판단하는데 필요한 이해나 교육이 낮을 수 있으므로, 이러한 상황에서 분류범주를 세밀하게 해서는 안 된다.

분류체계 가운데 주제어 코드체계가 있다. 이는 시리즈 계층아래 위계적인 범주로 기록철을 구분하기 보다는 광의의 주제로 색인하는 체계이다. 주제어 코드체계는 확장성이 뛰어나므로 새로운 활동이나 주제가 발생하면 이를 추가하기 쉽다.

다른 한편, 기록철을 시리즈 계층 하위 범주나 하위시리즈로 위계를 갖춰 잘 조직할 수 있는 체계에서는 편철체계의 구조를 이해하기가 용이하다. 이 체계에서는 관련 기록철이 확실히 연결되므로 검색하기 쉽다. 위계구조는 행정이 안정되어 기능을 분명히 정의할 수 있을 때 특히 유용하다. 조직의 업무가 지속적으로 변화하거나 증가하는 경우 또는 기능이 그다지 분명하지 않은 경우에는 이 체계를 적용하기가 어렵다.

이 과의 후미에서는 분류체계의 여러 대안을 살펴보고, 그 이점과 단점을 논의한다. 분류체계는 서로 배타적이지 않다. 특정 정리계층이나 기록 범주에 따라 하나의 체계를 사용하고, 또 다른 계층이나 범주에는 상이한 체계를 사용할 수도 있다. 예를 들어, 사례기록철 시리즈는 숫자나 문자 체계에 따라 분류하고, 동일한 기록실에 있는 정책 및 행정기록철은 위계적인 체계나 주제어 코드체계에 따라 분류할 수 있다.

> *정리계층이나 기록의 범주에 따라 다양한 분류체계를 사용할 수 있다.*

(1) 위계를 갖는 체계(Hierarchical Systems)

위계를 갖는 체계는 조직의 업무를 계층적으로 구분할 수 있도록 설계한다. 위계의 수는 업무를 잘 정의된 영역으로 분할할 수 있는 정도와 각 영역에서 생산될 기록철이나 기록의 양에 따라 좌우된다.

위계의 최상층은 광의의 기능이다(시리즈). 이를 더 좁은 기능이나 활동으로 나누면 하위 시리즈가 되고, 다시 활동이나 주제로 세분할 수 있다.

예를 들면:
　　건물(넓은 기능/시리즈)
　　　　유지(좁은 기능/하위시리즈)
　　　　　　도장(塗裝)(활동/하위 하위시리즈)

위계적인 체계는 또한 조직구조로 표현되기도 한다. 그러나 부속기관이나 사무실이 조직구조보다 업무영역으로 그 위계를 반영할 수 있다면 후자가 더 효과적이고 유연할 것이다.

> *아래 '조직구조에 기반 한 체계'를 참고하라.*

위계적인 다계층 체계라고, 반드시 참조번호를 다층화하거나 기록철의 위계를 복잡하게 만들어서는 안 된다. 아래 도표 5에서는 광의의 '행정'기능의 위계적인 구조를 표현하고 있다. 행정기능은 두 개의 하위시리즈- '생산성 및 능률', '사무실 처리절차 및 서비스'로 나누어진다. 그 아래에는 각각 하위 하위시리즈로 나뉜다.

위계 안에 각 계층은 문자(letter)로 표현된다.(행정=M; 생산성과 능률=B; 능률평가=W; 등) 이러한 문자는 각각의 기록철에 대한 기록철 참조번호 첫 번째 부분으로, 위계 안에서의 그 위치를 정확히 지시한다. '능률평가'에는 코드 'MBW'를 할당하고 하위 하위시리즈에는 기록철을 예시하였다.

실무목적에서, 처리 훈령(instructions)을 적용할 때, 하위 하위시리즈를 시리즈와 마찬가지로 취급한다.

코드부여 요약

M		행정
	MB	생산성과 능률
		MBW 능률평가
		MBX 전산화
	MC	사무실 절차와 서비스
		MCY 인편
		MCZ 전신

도표 5: 다계층 위계구조와 코드 반영 체계

기능을 더 좁은 영역으로 세분하면, 기록을 더 정밀하게 조직할 수 있다. 각 계층과 범주를 정의하고 정해진 통제어에 기반하여 위계적인 체계를 정확하게 설계하면, 기록건을 정확한 위치에 편철하고 검색위치를 의심할 여지가 없다.

> *위계를 갖는 체계가 잘 설계되어 있으면 기록철을 쉽게 찾을 수 있다.*

앞의 예시와 같이, 분류는 조직에서 전신시스템(telephone system)을 대상으로 하는 기록철에도 분명하다. 더욱이 잘 설계된 위계적인 체계에서는 기능과 활동이 정비되면, 다른 사무실로 기록철을 이관하기도 쉽다.

위계적인 체계를 구성하기 위해서는 조직전반의 기능 및 활동과 체계의 개발방법을 이해하는 체계 관리자나 운영자가 필요하다. 예기치 않은 책무를 새로이 할당하거나 주요한 강조점이 변화할 때, 체계의 유연성이 입증된다. 예를 들어, 하위 업무영역이 주요한 활동으로 빠르게 확대되는 경우, 편철체계에 이러한 변화를 반영하기는 곤란할 것이고 새로운 기능을 개발할 때마다 신규 시리즈를 창출하게 되면 겹치는 시리즈가 많아져서 결과적으로 성가신 구조가 될 수도 있다.

또한 많은 기록철을 다루거나, 다층 위계를 갖는 체계에서는 기록철명 자체로 검색할 수 있는 색인이 필요하다. 색인을 이용하여 기록철의 주제를 종합적으로 확실히 포착하기 위해서는, 기록철명이나 기록철의 내용에서 추출한 용어(terms)나 단어(words)에 따라 적어도 두 가지로 색인하는 것이 필요하다. 색인에는 인명·조직명·지명 등도 포함된다. 이는 기록철명으로 표시되거나 기록철의 주요주제가 될 수 있다.

위계적인 편철체계에는 광범위한 코드부여 체계를 둔다. 코드부여 체계는 예를 들어, 의미유무와 관계없이 문자코드, 숫자, 알파벳순 등에 기초한다.

위계적인 체계의 장단점은 도표 6과 같다.

적용:	잘 관리되는 대규모의 좀더 복잡한 체계 100권~1000권 이상의 기록철 다양한 이용자 기록철 시리즈에 기능/활동을 정확하게 작성 모든 부속기관/부처에서 공유
장점:	잘 설계되면 이해하기 쉬움 다양한 시리즈 및 하위시리즈 단순한 체계에서부터 다계층 체계까지 적합함 보다 정밀한 논리적 구조 통제어휘/색인을 이용한다면 기억의존도를 줄일 수 있음 많은 기록철을 수용할 수 있고 확장 가능함 기록간의 논리적 관련성을 반영함 정책 및 집행기록철에 적합함 사례기록철에도 사용가능함 조직이 정비될 때 기능분리가 가능함
단점:	기능과 활동을 정확히 분석해야 함 가장 최근 상황에 기초하여 업무체계분석을 관리함 신중하고 정확하게 유지하여야 함 기능과/또는 활동이 겹치거나 명확하지 않으면 선명도가 떨어질 수 있음 상대적으로 착수비용이 고가임 지속성과 정밀성이 필요함 규정에 충실하고 훈련된 운영자가 필요함 보다 큰 체계에서는 통제어휘가 필요함 규모가 크고 고유한 체계에는 더 복잡한 다층구조가 요구됨 숙련된 체계 행정가가 있어야 함

도표 6: 기록철시리즈 위계체계의 장·단점

(2) 조직구조에 기반을 둔 체계(Systems Based on Organisational Structure)

이 체계는 조직의 행정구조와 계층별 수행업무를 반영하므로 위계적이다. 조직구조가 일반적으로 기능구분에 기초하고 있기 때문에, 이러한 편철 체계에서는 기능이나 활동에 기초한 위계적인 체계와 밀접한 유사성을 갖는다. 그러나 다른 부서와 기능을 공유하는 경우에는 분류하기가 곤란하다.

조직구조에만 기반하는 체계는 과거에 널리 이용된 것으로, 오래된 분류 및 코드부여 체계에 공통된다. '농업부: 농장처: 축산국: 농우과'가 한 예이다.

이러한 체계는 국이나 본부의 분리·통합, 기관의 구조조정 등 행정적인 변화를 수용하기에 곤란하다. 사무를 본부나 부속기관 간에 공유하는 경우 기록을 분류하고 편철하기가 어려울 수 있다.

> 조직구조에 기반을 둔 체계는 조직의 변화를 수용하기가 어렵다.

더욱이, 이러한 체계는 평가 및 처리 등 다른 기록관리절차와 잘 맞지 않을 수도 있다. 일반적으로 기록관리절차는 행정적인 조직보다 기능을 반영하기 때문이다. 부속기관의 기록 시리즈에는 정책기록철과 일반적인 '부서운영' 기록철이 혼재되어 있다.

그러나 조직구조에 따른 정리는 대규모 조직과 복잡한 조직에서 사용된다. 특정 국이나 기관의 업무와 관련한 기록철시리즈는 분류체계에서 시리즈(기능) 이상의 정리수준과 연결되어야 한다.

이러한 조직에 기반한 정리는, 특히 '인력관리사무소(Personnel Management Office), 관리서비스국(Management Services Division)'과 같이, 다른 국(division)이 특정 지역별 기록실과 연계되는 분산체계에 적당하다. 예시의 관리서비스국(MSD)에 기록실을 두어 기록을 자체적으로 관리한다면, 거기에만 적용되는 기록시리즈를 만들어 분류하고 코드를 부여할 수도 있다.

(3) 주제어 코드체계(Keyword Code Systems)

여타 분류체계와 같이, 주제어 코드체계에서도 기록철이 시리즈로 조직된다. 그러나 주제어 체계에서는 시리즈 아래 하위시리즈 조직에 따라 기록철이 배열되지는 않으므로 위계적인 체계보다 경직되어 있지 않다.

제5과 기록철시리즈 관리

앞서 인용한 바 있는, '컴퓨터 연수'에 관한 기록철을 '연수'나 '전산화' 어디에 분류하건, 주제어 코드체계에서는 문제가 되지 않는다. 왜냐하면, 주제색인어 아래에서 기록철을 찾을 수 있기 때문이다. 그래서 잘 설계된 주제어 색인이나 통제어휘에 기반을 둔 분류체계에서는 여전히 기능·활동, 속성 등의 부류를 동시에 불러올 수 있다. 동일하거나 인접된 주제에 대한 기록철을 동일한 주제어로 색인하기 때문이다.

주제어는 기능·활동·사안·제목 또는 적합한 용어로 표현한다. 지속적으로 기록철을 색인해야 동일하거나 유사한 주제를 구분할 수 있다. 주제어 코드체계에서 주제어 색인은 주요한 편철 및 검색도구이다. 주제어 코드체계는 기록철이 서로 배타적인 범주로 분류되는 다계층의 위계적인 체계가 아니다.

주제어 코드체계의 뚜렷한 장점은 각 기록철의 색인질서를 강제하는 것이다. 즉, 기록철을 색인할 때는 주제어 목록이나 통제어휘에서 기록철명이나 그 내용에 따라 추출한 최소 주제어 2가지를 부여한다. 정확히 색인하면 결과적으로 신뢰할 만하고 강력한 분류 및 검색도구가 된다.

> *주제어 코드체계를 잘 개발하여 운영하게 되면, 이는 강력하고 신뢰할 만하다.*

그러나 색인은 결정적인 분류 및 검색도구이기 때문에, 이를 개발하고 유지하는 사람들은 주제어 색인에 정통해야 한다. 주제어 목록은 가능한 한 자명(自明)하고, 단순해야 한다. 주제어 목록에 500단어 이상이 수록되면, 미리 대략적으로 정한 규정에 따르기가 곤란해진다.

주제어 체계는 특히 기능 및 활동의 위계적인 구조가 쉽게 구분되지 않거나 그 상호간의 관련성이 뚜렷하지 않은 편철체계에 유용하다. 또 위계를 효과적으로 분석하는 기술이 없는 직원에게 유용하다. 한편, 시리즈를 세분하여 정의하지 못하면 사무실 기능을 조직할 때 기록철을 구분하기 어렵다.

주제어 코드체계의 장단점은 도표 7에서 정리하고 있다.

기록에 참조번호를 할당하는 주제어 코드체계 사용방법은 이 과 말미에서 다룬다.

적용:	잘 관리되는 대규모 체계 100권~1000권 이상의 기록철 다양한 이용자 조직 전반의 체계
장점:	한번 구축되면, 이용하기 쉬움 하나의 체계로 많은 기관에서 사용할 수 있음 새로운 기록철의 확장과 추가가 가능함 색인이 정확한 경우, 효과적으로 검색할 수 있음 색인훈련이 필요함 색인구조(index structure)에 따라 정밀도가 좌우됨 상대적으로 단순한 분류체계임 색인으로 기록철간의 연계를 보여줌 요구되는 관리서식이 적음 기능과/또는 활동 간 구분이 불명확하더라도 성공적으로 운영될 수 있음 정책·행정·사례기록철에 적용됨
단점:	처음에는 복잡한 체계로 느껴짐 주제어 색인을 정확히 구축하고 유지하는 것이 관건임 기록철 색인의 정확도에 따라 검색결과가 좌우됨 구축비용(set up cost)이 고가임 숙련된 체계 운영자가 필요함 지속적으로 색인을 관리해야 함 관리서식을 통제하지 않으면 붕괴될 수 있음 위계적인 체계보다, 시리즈나 하위시리즈간의 관련성을 알기가 곤란함 기능추가가 곤란할 수 있음 기록철 참조번호는 업무담당자에게 거의 의미가 없음 숙련된 기록관리자가 모니터해야 함

도표 7: 주제어 색인체계의 장·단점

(4) 알파벳 체계(Alphabetical Systems)

인명, 장소명, 기관명으로 배열하는 알파벳 분류체계에서는 그 자체가 색인(self-indexing)이 되는 장점이 있다. 보통 컴퓨터 시스템에서는 이름이나 성(姓)과 같이 용어나 용어의 일부분으로 검색할 수 있다. 그러나 전산을 이용하지 않으면, 색인어 자체에 전적으로 의존하게 된다.

알파벳 체계에서는 배열하는데 (문자나 단어별) 특별한 훈련이 필요하다. 또한 이러한 체계에는 정확한 색인이 관건이다. 특히 대규모 체계에서, 아이템의 알파벳순 정렬을 완벽히 신뢰할 수 있는 수준이 되기 위해서는 운영자의 능력이 중요하다. 그러나 알파벳 체계는 운영하기 쉽고 사례기록철 시리즈에 적용하기에 적당하다.

> 알파벳 체계는 그 자체가 색인이고 운영하기 쉬우나 결과적으로 서고를 비효율적으로 사용하게 된다.

알파벳 체계는 색인으로 효과적인 반면, 효율적인 서고운영에는 별 도움이 안 된다. 새로운 기록철을 기존 순서에 맞게 배열해야 하고 공간이 부족하면 기록철을 자주 옮겨야 한다. 그 대안으로 기록철에 번호를 붙인다. 새로운 기록철이 생산되면 이용 가능한 다음 번호를 할당하고 기록철명이나 주제와 기록철 번호를 연결하는 색인을 별도로 유지한다. 그러나 기록철을 옮기는 것이 번호를 할당하고 별도의 색인을 구축하는 것보다 비용효과가 높은 곳도 있을 수 있다.

> **[연습 28]**
> 독자는 앞서 언급한 각각의 분류체계를 매우 신중하게 읽어야 한다. 독자가 이해한 분류체계를 자신의 생각대로 간단히 기술하라. 그리고 독자가 자주 이용하는 기록의 유형에 어떤 체계가 가장 논리적인지 확인하라. 왜 그 체계를 선택했는지를 설명하고 다른 체계가 갖는 단점을 기술하라.

5. 코드부여 체계의 유형(Types of Coding Systems)

시리즈 구조를 인지하고 분류체계를 선택할 때, 분류대상인 기록철이나 기록에 코드나 참조번호를 부여하는 방법을 정한다.

단순한 알파벳 체계를 제외한 모든 분류체계에는 숫자나 알파벳-숫자조합 코드를 사용한다. 이러한 코드에 맞춰 기록철을 적당한 곳에 배치하여 시리즈와 해당 기록철을 인지한다.

또한, 분류체계로 시리즈 간에 그리고 시리즈내의 기록철 간에 논리적인 관련성을 인지할 수 있으므로 기록철에 알파벳 색인을 하지 않는다. 이용자가 이러한 관련성을 아는 것은 중요하다. 이러한 관련성은 기록철을 평가하는데 확실히 중요하다. 또, 기록철의 물리적인 원질서가 훼손되었을 때 이를 배열하는 지침이 된다.

> *분류체계는 숫자나 알파벳 숫자조합 코드로 표시한다.*

그러나 코드부여는 가능한 한 간단해야 한다. 코드요소를 네 가지 이상으로 구성해서는 안 되며, 세 가지 요소로 구성하는 것이 좋다.

많은 체계에서, 일차적인 코드나 참조번호의 첫 번째 요소로 알파벳 문자를 사용하는 것이 대부분이다. 코드를 문자로 사용하면 좀 더 폭넓게 사용할 수 있다(숫자는 0부터 9까지 사용할 수 있는 반면, 문자는 26개를 사용할 수 있음). 그러나 사실상, 전체 문자가 사용되는 경우는 드물다.

기억할 만하거나 의미있는 코드를 사용하는 것은 현명하지 않다.

사무실이나 기능명의 약어나 두문자를 코드로 사용하기도 한다. 예를 들어, RES는 Research Branch이고, POL은 Policy Branch를 의미한다.

의미 있는 문자코드를 사용하면 가용범위가 한정된다. 사무실이나 기능이 변화하면 그에 따라 코드도 변경해야 하고, 여기에 많은 시간이 소요된다. 예를 들어, Research Branch가 Corporate Research로 명칭이 바뀌면, 코드를 COR이나 CRES로 변경해야 한다. 이렇게 되면, 예전 기록철과 새로운 기록철을 연결하기가 매우 곤란하다.

> *종이문서에 대한 분류 및 코드부여 체계는 전자기록에도 적용할 수 있다. 이에 대해서는*
> *『전자기록물 관리(Managing Electronic Records)』를 참고하라*

조직의 기록철 분류를 반영하기 위해 다양한 코드부여 체계를 활용할 수 있다. 아래에서는 코드를 부여하는 여섯 가지 유형을 살펴본다.:

제5과 기록철시리즈 관리

- 십진체계(decimal systems)
- 여러 요소 조합체계(multi-part systems)
- 알파벳-숫자조합 체계(alphanumerical systems)
- 운영번호 체계(running number systems)
- 일괄번호 체계(block number systems)
- 주제어 코드체계(keyword coding systems)

분류체계와 같이, 코드부여 체계는 상호배타적이지 않다. 정리계층마다 다른 체계를 사용할 수도 있다.

예를 들어, 십진 체계·여러 요소 조합체계·알파벳-숫자 조합체계는 위계적인 체계와 같이 업무기능 및 활동과 직접 연결되는 분류체계에 사용된다. 운영번호 체계는 인사기록철과 같이 그 자체가 하나의 기록철을 이루는 형태인 사례기록철에 적합하다. 일괄번호(block number) 체계는 운영번호 체계의 변형이다. 이는 활동과 사무영역을 상세하게 하위 구분하지 않고 기능을 크게 분류할 때 이용된다. 주제어 코드체계는 종종 주제어 색인과 연결하여 이용되는 것으로 활동(하위시리즈)간의 구분이 불명확할 때 견실한 체계이다.

> *정리계층(level)에 따라 상이한 코드부여 체계를 달리 이용할 수 있다.*

(1) 십진체계(Decimal Systems)

십진체계는 소수점(decimal point)을 기준으로 그 앞과 뒤 두 부분의 숫자로 구성된다.

- 앞부분의 숫자는 2~4자리로 시리즈의 주요한 주제를 표현한다. 이는 업무체계분석에 따라 대략적으로 정해진다. 예를 들어, 575는 '건물유지(Building Maintenance)'이다. 새로운 기능이나 활동을 수용하기 위한 숫자 열은 남겨둔다.

- 소수점 뒤의 숫자는 주요 주제의 한 부분(사실상 하위시리즈나 기록철 묶음)을 표현한다. 예를 들어, 575.03는 '건물유지 : 도장(Building Maintenance : Painting)'이다. 이 숫자 뒤에는 개별 기록철 번호가 온다. 예) 575.03.01

이러한 십진체계는 도서의 주제분류 및 코드부여 체계(국제십진분류법, 듀이십진분류법 등)와 표면상 유사하다. 그러나 도서관 체계에서 사용하는 주제용어(subject term)는 일반적으로 너무 이론적이고 경직되어 있거나 세분화되어 있어서 기록분류에는 적용하지 않는다.

(2) 여러 요소 조합체계(Multi-part Systems)

여러 요소 조합체계는 십진 체계와 유사하나, 길고 쓰기 불편한 코드를 생산하고 요소마다 상이한 번호를 담는 일련의 참조번호를 생성한다.

여러 요소 조합체계는 숫자나 알파벳-숫자조합 코드를 결합하여 구성한다. 각각의 코드는 정리의 한 계층(또는 하위계층)을 표현하고 '/'로 구분한다. 예를 들어, 57/05/03은 '건물: 유지: 도장(塗裝)'이라는 하위시리즈의 기록철에 붙이는 코드이다; 68/42는 '전동차: 유지'라는 하위시리즈에 붙이는 코드이다.

다시, 시리즈 계층의 코드는 업무체계분석을 통해 미리 대략적으로 정하고, 개별 기록철 번호로는 일반적으로 순번을 할당한다. 그래서 57/05/03/01은 하위시리즈 '건물: 유지: 도장'의 첫 번째 기록철이다.

(3) 알파벳 및 알파벳-숫자 조합체계(Alphabetical and Alphanumeric Coding Systems)

앞에 기술한 체계에서는 알파벳이나 문자를 결합하여 이용할 수 있다. 시리즈 계층(level)은 문자로 표현되고, 그 아래 계층에는 문자 특히 의미있는 코드를 적용하여 이용자가 친근하게 느낄 수 있는 체계를 만들 수 있다. 예를 들어, '직원: 이직: 유동적인 업무' 기록철에는 'STA/LEA/FLX'라고 표현한다. 그러나 이러한 코드부여 체계는 취약하다. 왜냐하면 의미 있는 코드는 빠르게 소진될 수 있고, 기능을 정비하거나 명칭을 변경하게 되면 코드의 의미는 상실되기 때문이다.

아래 도표 8에서는 의미있는 문자코드에 기반을 둔 분류체계를 설명하고 있다.

ADM/P&E/APP =   행정: 생산성과 능률: 직원평가
                 (Administration: Productivity and Efficiency: Staff Appraisal)

ADM/P&E/COM =   행정: 생산성과 능률: 전산화
                 (Administration: Productivity and Efficiency: Computerisation)

ADM/P&E/EFR =   행정: 생산성과 능률: 능률평가
                 (Administration: Productivity and Efficiency: Efficiency Reviews)

ADM/P&E/ORG =   행정: 생산성과 능률: 조직화와 방법
                 (Administration: Productivity and Efficiency: Organisation and Methods)

ADM/P&S/ELM =   행정: 사무실 절차와 서비스: 전자메일
                 (Administration: Office Procedures and Services: Electronic Mail)

ADM/P&S/MES =   행정: 사무실 절차와 서비스: 메신저
                 (Administration: Office Procedures and Services: Messengers)

ADM/P&S/REP =   행정: 사무실 절차와 서비스: 복사
                 (Administration: Office Procedures and Services: Reprographics)

ADM/P&S/TEL =   행정: 사무실 절차와 서비스: 전신
                 (Administration: Office Procedures and Services: Telephones)

도표 8: 의미있는 문자코드에 기반한 분류체계

무의미한 문자코드에 기반하여 알파벳 코드를 부여하는 체계는 확장성이 높다. 그러나, 체계가 넓어지면 유지하기가 어려워지고, 더 복잡해지면 오류범주가 커진다. 예를 들어, EFF와 EEF코드를 혼동하기 쉬워 기록을 잘못 편철할 여지가 있다.

> 무의미한 문자코드에 기반하여 알파벳 코드를 부여하는 체계는 그 확장성은 높지만 유지하기가 곤란하다.

(4) 운영번호 체계(Running Number Systems)

　운영번호 체계에서는 기록철의 주제와 상관없이, 운영순서에 따라 신규 기록철에는 다음 번호를 부여한다. 공간을 비워두지 않고 새로운 기록철을 순서대로 배치하여, 서고를 효과적으로 사용할 수 있다. 이러한 체계는 과거 정책기록철과 행정기록철에 공히 이용되었지만 지금은 아니다.

　운영번호 체계는 전적으로 신뢰할 만하고 정확한 색인이나 전산화된 검색체계에 의존한다. 게다가, 이는 상이한 시점에 생산된 관련 기록철을 연결하는 편의성이 떨어진다. 기록철이 계속적인 가치와 상관없이 기록철을 무작위로 섞어두면 문제점이 분명히 드러난다. 그러나 연번 체계는 주제(subject matter)가 동일하나 각각의 기록철이 개별 사안과 관련되는 사례기록철에는 적합하다.

　일반적으로 숫자체계는 보다 정밀하기는 하지만 사람이 실수할 수 있다. 즉, 넷, 다섯, 여섯 자리, 그 이상의 자리를 혼동하거나 바꿔 놓기 쉽고 이에 따라 문서를 잘못 편철하거나 기록철 배치에 오류가 생길 수 있다. 병원환자 진료 기록철과 같이, 번호가 길어지는 경우에는 할당된 자리수를 맞춰야 하는 난제(難題)를 극복할 수 있어야 한다.

　예를 들어, 기록철 48657291의 위치는 '48 65 72 91'과 같이 자리를 끊어서 기록철을 대조하면 보다 쉽게 인지할 수 있다. 이 방법은 숫자의 자리에 따라 배치하는데 특히 유용하다. 그래서 48 65 72 91 기록철을 91로 끝나는 여타 기록철과 같이 배치한다. 91 기록철 가운데 다음 마지막 자리가 72인 기록철을 함께 배치하고, 다음에는 65인 기록철을 배치한다. 다시 65인 기록철 안에서는 처음 자리 48을 찾아 배치한다.

> 숫자체계는 보다 정밀하지만 사람이 실수할 여지가 있다.

(5) 일괄번호 체계(Block Number Systems)

　일괄번호 체계는 연번체계의 변형이지만, 여기에는 기능이나 활동에 따른 최상층 분류를 담고 있다. 달리 말하자면, 미리 일괄적인 연속번호를 정하여 기능이나 보다 폭넓은 활동에 할당하고, 기능이나 활동의 구체적인 부분을 다루는 기록철에는 일괄번호를 순차적으로 적용한다.

예를 들어, 일괄번호 93001-93100을 '국민건강(Public Health)'에 할당하고, '93001: 모자복지(Maternity and Child Welfare)', '93002: 맹인복지(Blind Welfare)' 등으로 세분한다. 맹인복지에 관한 기록철은 '93002/1이나 93002/2'와 같이 끝에 번호를 써서 구분한다.

세분해야 할 기능에 미리 일괄번호를 할당하면 문제점이 발생할 수도 있다. 예를 들어, '운송'이 '시내운송'과 '시외운송'으로 구분되는 경우, 일괄번호를 나누는 것은 불가능하다. 새로운 번호를 새로운 기능에 할당하고, 이전 기록에는 더 이상 추가, 분류하지 않는다.

비근하게, 특정 활동영역이 확장되고 주어진 일괄번호 안의 기록철이 비계획적으로 늘어나면 숫자 부여체계가 붕괴될 수도 있다.

(6) 주제어 코드체계(Keyword Code Systems)

주제어 코드체계는 분류체계이다. 그러나 코드를 부여하는 것이므로 코드부여 체계에도 포함된다. 이는 활동이나 기록철의 주제를 표현하는 주제어에 숫자 코드를 할당하는 것이다. 기록철을 기능에 기반을 둔 최고 계층인 시리즈로 조직한다. 기록철의 내용에 맞는 주제어 두 가지를 주제어 목록에서 추출하여 시리즈 내에 기록철을 분류하고 코드를 부여한다. 주제어 목록은 색인할 때 용어선택을 제한하는 통제어휘이고 이를 통해 분류와 검색에 중요한 정밀도를 높인다.

분류에서 논의하였듯이, 주제어 코드체계는 특히 조직의 기능과 활동의 위계를 인지할 수 없거나 이러한 기능과 활동이 급격히 변화하는 경우에 적합하다.

이 체계에서는 대체로 우선어나 중요어에 대한 코드를 첫 번째에 배치하는 것이 위계를 세우기에 효과적이다. 이 방식에서, 하위시리즈가 제대로 구성되면, 동일한 주제의 기록철을 코드체계 안에서 물리적이고 지적으로 추출할 수 있다.

그러나 항상 기록담당자가 더 중요한 용어를 알 수 있는 것은 아니다. 예를 들어, 기록철 '보건부: 조기퇴직'을 분류할 때는, 첫 번째 용어 '보건부'나 두 번째 용어 '조기퇴직' 가운데 어느 것을 첫 번째에 둘 것인가 결정하는 것이 필요하다.

직원이 쉽게 분류할 수 있는 방법은 두 용어의 상대적인 중요성을 구분하기보다 항상 작은 번호를 앞에 두어 코드순으로 배열하는 것이다. 이는 아래 예시에서 살펴본다.

세 가지 주제어 '보건부', '조기퇴직', '연수비'를 각각 코드 27, 7, 56으로 표시한다고 가정하자. 기록철 '관리서비스(Management Service): 보건부내 조기퇴직'과 '관리서비스: 보건부 직원의 연수비'에는 AB/7/27과 AB/27/56으로 코드를 부여한다(AB는 시리즈 '관리서비스'를 말함).

보건부의 기록철 두 권이 물리적으로는 나눠지지만 이러한 코드를 부여하여 '보건부'라는 동일한 주제어를 사용하고 있으므로, 기록철 색인을 통해 동시에 추출된다. 즉, 기록철 색인에서 '보건부'로 검색하면 두 기록철이 나타난다. 전형적인 주제어 코드에 기록철 참조번호를 추가한 것은 아래 도표 9를 참고하라.

AB/7/27/01 은 '보건부내 조기퇴직'을 다루는 기록철이다:

AB   시리즈 '관리서비스'
7   주제어 '조기퇴직'
27   주제어 '보건부'
01   주제어 '조기퇴직', '보건부'로 내용이 표현되는 기록철로 첫 번째 생산돼

도표 9: 전형적인 주제어 코드 기록철 참고

주제어 코드체계에서는 번호간의 연결성이 없기 때문에 불가피하게 기록철 번호사이에 공란(gap)이 생긴다. 이러한 차이 때문에, 기록철 참조번호만 보고 개별 기록철이 망실되었는지를 확인하는 것은 불가능하다. 예를 들어, 기록철 AB/3/18은 AB/3으로 시작되는 기록철 가운데 첫 번째 생산된 것일지도 모른다. 참조번호 AB/3/1에서 3/17에 해당하는 기록철은 없을 수도 있으므로 기록철 목록을 살펴보지 않으면 알 수 없다. 비슷하게 AB/3으로 시작하는 두 번째 기록철이 AB/3/52일 수도 있다. AB/3/18부터 3/51사이의 기록철이 없을 수도 있다.

그러나 이러한 결함이 주제어 코드체계에 한정되는 것은 아니다. 일괄번호 체계도 숫자사이에 공란이 생긴다. 사실상, 어떤 코드부여 체계에서도 기록철이 종결되고 체계에서 제외되면 공란이 생기기 마련이다.

> **[연습 29]**
> 상기 각각의 코드부여 체계를 상세히 읽어보라. 독자는 이 모두를 읽고 난 후, 각 체계를 간단히 기술하라. 그리고 독자가 자주 이용하는 유형의 기록에 가장 논리적으로 부합하는 것을 지목하라. 그 체계를 선택한 이유를 들고 그 체계와 여타 체계의 장·단점을 논하라.

6. 기록철 번호부여(File Numeration)

시리즈나 하위시리즈에 있는 모든 기록철을 분명히 알 수 있다면, 십진 체계나 여러 요소 조합체계로 기록철 번호를 미리 정할 수 있다. 그러나 현대 정부의 업무가 결코 안정적이지 않기 때문에 사전에 모든 기록철을 알기는 어렵다. 장래에 생산될 기록철을 예상하여 기록철 번호를 할당하는 것은 올바른 실무가 아니다. 기록철이 생산되지 않으면 헛된 노력이 되고 편철에 혼란을 야기할 수도 있다. 따라서 주요 분류코드 말미에 연번을 이용하여, 01이나 02로 동일한 분류 안에 있는 개별 기록철을 구별하는 방법이 좋다(예를 들어, AB/3/17/01, AB/3/17/02 등).

> *기록철이 생산될 것이라고 예상하여 기록철 번호를 할당하면 노력만 허비하게 되므로, 권고할 만한 실무형태는 아니다.*

대체로 각 기록철이 고유한 주제를 다루는 경우, 기록철 말미에 01을 붙이는 것이 일반적이라는 점에 주목하라. 기록철 두 권이 동일한 주제의 서로 다른 부문을 다루는 경우는 일반적이지 않다. 그러나 (아래 논의되는) 연속기록철(continuation file) 말미에는 02, 03 등을 붙인다.

기록철의 두께가 너무 두꺼워져서 종결시키거나 새로 분철해야 하는 경우, 종결 기록철과 분철한 기록철 모두에 동일한 번호를 붙이되, 각각에 분철번호를 덧붙인다. 예를 들어, 분철된 기록철에는 'AB/3/17/01 분철1' 'AB/3/17/01 분철2' 라벨을 각각 붙인다.

새로이 분철한 기록철에 대해서는 제6과에서 상세히 다룬다.

또, 기록철도 생애주기 말미에 이르면 종결시킨다. 즉, 기록철은 그 생성일로부터 산출되는 특정시점에 도달했을 때 종료시키는 것이 마땅하다. 이는 오래된 문서를 현재 체계에서 제외시키는 메커니즘이다.

기록철이 종결되었으나 여전히 활용되고 기록건을 계속 추가해야 할 때는 새로 연속되는 기록철을 만들어야 한다. 신규 기록철의 분류코드는 동일하지만, 번호는 이어서 이용할 수 있는 연번(sequential number)이나 운영번호(running number)를 할당한다. 오래된 기록철이나 신규기록철 간에 상호참고는 기록철 표지와 편철체계 관리서식에 기재한다.

연속되는 기록철의 관리방법과 기록철 관리서식에 대해서는 각각 제6과와 제8과에서 다룬다.

7. 편철체계 기술(Documenting Filing Systems)

어떤 분류 및 코드부여 체계를 선택하더라도, 그것을 정확히 기술하고 관리하는 서식을 적절히 유지해야만 효과적으로 운영할 수 있다. 두 부류의 서식으로 편철체계를 관리한다.

- 체계에 관한 서식
- 개별 기록철에 관한 서식

논리적인 틀(framework)을 마련하기 위해 체계 관리서식-시리즈나 하위시리즈로 조직된 편철체계를 코드화하는 방법, 생산된 개별기록철을 배치하는 곳, 색인이나 통제어휘에서 기록철을 찾기 위한 표제(headings) 등-을 유지한다. 체계 관리서식은 분류와 코드부여 체계 자체, 기록철개요도(file plan), 통제어휘-구조화된 색인이나 주제어 시소러스-로 구성된다.

> 기록건의 편철체계에는 세 가지 도구가 필요하다: 분류 및 코드부여 체계,
> 기록철개요도, 통제어휘나 구조화된 색인

체계 관리서식은 아래에서 더욱 상세히 논의한다.

기록철을 관리하는 서식은 기록철이 생산되었을 때 각 기록철의 존재를 기록하여 유지하는 것이다. 이 서식으로 기록건이 편철된 위치를 알 수 있고, 특정주제의 기록철을 빨리 찾아 이용한다. 기록철의 관리서식에는 체계 안의 모든 기록철을 등록하는, 기록철등록부(file diary)·기록철관리카드(file transit sheet)·완벽한 기록철색인이 있다.

> 편철체계 안에 있는 개별 기록철을 보유하기 위해서는 세 가지 관리서식이 필요하다:
> 기록철등록부, 기록철관리카드, 기록철색인

기록철 관리서식에 대해서는 다음 과에서 논의한다.

몇몇 체계에서, 체계와 기록철의 관리서식을 연결하는 데는 두 가지 목적이 있다. 예를 들어, (기록철의 인수인계를 기록하는)관리카드는 시리즈, 하위시리즈, 기록철 번호순으로 조직된다. 그래서 (체계 안에 있는 모든 기록철을 완전히 목록화한) 기록철개요도로 활용될 수 있다. 비근하게, 우선어(preferred terms)·관련어(related terms)·광의어(broader terms)·협의어(narrower terms)를 상호 참조하는 통제어휘는 기록철 색인으로 활용될 수 있다. 전산화된 기록관리체계에서는, 한 데이터베이스 안에서 모든 유형의 관리서식을 완전히 처리할 수 있다.

이 개념에 대해서는 관리서식을 논의할 때 더 설명한다.

분류 및 코드체계·기록철개요도·색인·주제어 목록 등 조직의 편철체계 관리서식은 보존기록관리에 대비하고 영구보존한다.

> **[연습 30]**
> 독자가 소속된 조직에서 편철체계를 유지하는데 이용되는 관리서식으로는 어떤 것이 있는가? 그 체계가 적합한가? 아니면 개선할 여지가 있는가 있다면, 어떻게 개선해야 할 것인가?

8. 분류 및 코드부여 체계

분류 및 코드부여 체계를 수기(手記)로 작성하거나 인쇄하여 시리즈(그리고 하위시리즈) 계층에 해당하는 기록철을 완전히 개괄할 수 있다. 이 관리서식으로 기록철의 분류틀과 시리즈 및 하위시리즈의 위계를 기록담당자나 기록철 이용자가 알 수 있다.

도표 10은 집행기록철에 대한 기관고유의 체계이다.

```
2100      가축-계획(LIVESTOCK-PLANNING)
2110      가축-통계(LIVESTOCK-STATISTICS)
2120      가축-보조금(LIVESTOCK-SUBSIDIES)
2130      가축-소(LIVESTOCK-CATTLE)
2140      가축-말(LIVESTOCK-HORSES)
2150      가축-가금(家禽)(LIVESTOCK-POULTRY)
   2150.00     정책(Policy)
   2150.01     국내 가금(Domestic fowls)
   2150.02     오리(Ducks)
   2150.03     거위(Geese)
   2150.04     칠면조(Turkeys)
```

도표 10: 분류 및 코드부여 체계-집행기록철

모든 기관의 부서 대부분에 유사한 행정기록철의 체계는 아래 도표 11과 같이, 중앙에서 배포할 수 있으나, 해당기관에서는 지역적 차이를 감안할 필요가 있다.

500   건물-요구사항(BUILDINGS-REQUIREMENTS)
505   건물-세금 및 송장(BUILDINGS-CHARGES AND INVOICES)
515   건물-보고서와 통계(BUILDINGS-REPORTS AND STATISTICS)
530   건물-구입(BUILDINGS-ACQUISITIONS)
535   건물-변경 및 수리(BUILDINGS-ALTERATIONS AND REPAIRS)
540   건물-신축(BUILDINGS-CONSTRUCTION)
550   건물-위험(BUILDINGS-DAMAGE)
555   건물-처분(BUILDINGS-DISPOSAL)
575   건물-유지(BUILDINGS-MAINTENANCE)
   575.00   정책 및 절차(Policy and procedures)
   575.01   보수 및 개선(Repairs and renovations)
   575.02   관리서비스(Janitorial service)
   575.03   도장(Painting)
   575.30   정밀검사보고서(Inspection reports)

도표 11: 분류 및 코드부여 체계-행정기록철

어느 체계라도 너무 경직되고 강제되어서는 안 된다. 때때로, 새로운 시리즈나 하위시리즈를 추가하거나 기존 시리즈나 하위시리즈를 분리하거나 통합해야 할 수도 있다. 분류와 코드부여 체계는 편철체계의 성장가능성을 고려하여 개발되어야 한다.

> 분류 및 코드부여 체계는 또한 처리일정표에 기반이 된다.

9. 기록철 개요도(File Plans)

기록철 개요도(또는 기록철 목록이라고도 함)에는 시리즈나 하위시리즈 안에 있는 개별 기록철을 기재한다.

> 기록철 개요도(File Plans) : 기록철 분류체계 내 개별 기록철의 상세 목록이나 인벤토리임

기록철 개요도는 체계 내 모든 기록철의 완벽한 목록으로 각 기록철이 분류체계의 어느 부분에 포함되는지를 알려준다. 기록철 개요도는 바인더에 철하는 낱장이나 카드 또는 워드프로세서로 작성하여 관리되는 목록이다.

각 기록철의 세부사항을 서식, 카드, 목록에 기재하여 시리즈나 하위시리즈에 기록철 번호순으로 배열한다. 기록철관리서식(제8과에서 논의함)은 기록철을 회람할 때 뿐만 아니라 기록철개요도로도 활용된다.

기록철 개요도는 '기록철 등록부'라고도 한다. 기록철 목록은 때때로 '기록철색인'으로 불리기도 한다. 그러나 기록철등록부나 기록철색인은 수발신문 및 기록건의 등록대장이나 알파벳순 색인과 혼란이 생기는 것을 막기 위해 여기에서는 인용하지 않는다.

10. 통제어휘(Controlled Vocabularies)

통제어휘의 개념은 제2과에서 소개하였다. (분류와 코드부여 체계에서 정의된)시리즈의 색인과 기록철 개요도/목록 등은 적확한 기록철을 인지하고 검색하는데 필수적이다.

내체적인 실무목적을 위해, (이용되는 우선어나 수제어와 용어간의 연결을 밝히는) 통제어휘는 각각의 개별 기록철 알파벳순 색인형태와 결합된다.

그러나 기록철색인을 통제하는 용어나 개별 기록철의 (통제어휘에서 추출한) 지시자를 표현하기 위해 별도로 기록철에 색인을 할 이유는 없다.

주제어 코드체계에서는 분류체계 그 자체를 기록철색인으로 활용하여 관리서식을 단순화시킨다.

11. 컴퓨터 파일의 정리(Arranging Computer Files)

컴퓨터시스템에서 종이문서의 편철체계와 유사한 편철체계는 워드프로세싱 어플리케이션, 데이터베이스, 스프레드 쉬트로 작성될 수 있다. 그러나 컴퓨터시스템 기술은 상이하고 시스템마다 다를 수 있다.

전자적인 '파일'은 기록건이나 어플리케이션을 일반적으로 지칭한다. 그러므로 종이 기록철과 같은 의미가 아니다.

종이기록철과 전자적인 등가물은 '하위 디렉토리'이다. 이는 전자적인 파일(문서)의 지적 조합체(assembly)이다. '디렉토리'라는 것은 기록철과 하위 디렉토리의 지적 조합체로 종이문서의 시리즈와 같다.

논리적으로 정리된 이러한 각 계층은 이름이나 코드로 표현된다. 워드프로세서로 작성된 것이나 데이터베이스, 스프레드 쉬트와 같이, 코드는 알파벳과 숫자를 조합한 문자 8자로 구성되는 것이 전형적이고 기록철의 유형을 표현하기 위해 마지막 계층에는 문자 3자를 확장자로 붙인다. 이러한 코드 결합으로 '경로(path)'나 '경로명(pathname)'을 구성한다.

'파일 관리자(file manager)'는 컴퓨터시스템이나 전자적인 환경 안에서 기록철, 하위 디렉토리, 디렉토리를 조직한다. 여기에는 조직이나 위계관계를 표현하는 '디렉토리 트리'가 있어서, 기록철 분류 및 코드부여 체계나 기록철 개요도와 같다.

기록과 컴퓨터 전문용어

<기록관리 전문용어>	<컴퓨터시스템 전문용어>
기록건	파일
기록철	하위 디렉토리
시리즈	디렉토리

전자기록에 대한 명칭이나 더 많은 정보를 얻으려면 『전자기록물 관리(Managing Electronic Records)』를 참고하라.

요약

제5과에서는 시리즈에 기록철을 분류하고 코드를 부여하는 방법에 대해 살펴보았다. 우선 기록철의 주요 범주와 시리즈내의 기록철 정리에 대해 알아보고, 분류 및 코드를 부여하는 일반원리와 특정 체계를 선택하는 것에 대해 생각해보았다.

편철체계의 유형을 살펴보았다.

- 위계적인 체계
- 조직구조에 기반을 둔 체계
- 주제어 코드체계
- 알파벳순 체계

코드부여 체계는 다음과 같이 살펴보았다.

- 십진체계
- 여러 요소 조합체계
- 알파벳과 알파벳-숫자 조합체계
- 운영번호 체계
- 일괄번호 체계
- 주제어 체계

또, 기록건의 편철체계에 필요한 주요 절차를 소개하고, 마지막으로 컴퓨터 파일의 정리에 대해 간략히 살펴보았다.

학습과제

1. 정책기록철의 목적을 설명하라.

2. 집행기록철의 목적을 설명하라.

3. 부서운영기록철의 목적을 설명하라.

4. 사례기록철의 목적을 설명하라.

5. 기록철은 왜 시리즈로 정리해야 하는가?

6. 조직이 재정비되면 기록에 어떤 영향을 미치는가?

7. 분류의 개념을 설명하라.

8. 분류와 색인 사이에는 어떤 차이점이 있는가?

9. 코드부여의 개념을 설명하라.

10. 분류와 코드부여에는 어떤 차이점이 있는가?

11. 코드부여나 참조번호 체계의 주요 형태 5가지를 기술하라.

12. 분류 및 코드부여 체계를 선택할 때, 고려해야 할 요소를 적어도 5가지 서술하라.

13. 편철체계의 요구사항을 가능한 한 상세히 기술하라.

14. 알파벳순 분류체계의 장·단점에는 어떤 것이 있는가?

15. 위계를 갖는 체계는 무엇인가?

16. 위계적인 분류체계의 장·단점은 무엇인가?

17. 왜 조직구조에 기반하는 체계를 적용하는가?

18. 주제어 코드체계는 무엇인가?

19. 주제어 코드체계의 장·단점은 무엇인가?

20. 이 과에서 논의한 코드부여 체계 6가지 유형을 기술하고 각각의 장·단점을 설명하라.

21. 기록철에 번호를 부여하는 방법으로는 어떤 것이 있는가?

22. 체계에 관한 서식은 무엇이고 왜 중요한가?

23. 개별 기록철에 관한 서식은 무엇이고 왜 중요한가?

24. 수기로 작성하거나 인쇄된 분류 및 코드부여 체계의 가치는 무엇인가?

25. 기록철 개요도는 무엇이고 왜 유용한가?

26. 통제어휘는 왜 유용한가?

27. 컴퓨터시스템에서 기록관리에 이용되는 용어와 종이체계를 관리하는데 이용되는 용어 간의 차이점은 무엇인가? 이러한 전문용어의 차이점은 기록관리자나 아키비스트에게 왜 주요한가?

연습 : 조언

[연습 25-30]

각각의 [연습]은 독자가 소속된 조직의 현실과 이 과에서 다룬 정보를 비교할 수 있도록 고안되었다. 독자는 자신만의 레코드키핑 체계를 설명하고 이 연구프로그램에서 제공하고 있는 정보를 적용할 수 있는 방법을 생각하면서 [연습]을 활용한다.

독자가 [연습]을 신중히 작성해 보면 다른 모듈을 학습하면서 재차 상기할 만한 요소가 있을 것이다.

제6과 기록철의 생산과 통제(Creating and Controlling Files)

앞서, 기록철시리즈 관리의 요구사항과 기록철 분류 및 코드부여 체계에서 고려할 일련의 조건을 살펴보았다. 제6과에서는 기록철의 생산 및 통제절차를 설명한다. 주제는 다음과 같다.

- 물리적인 기록철
- 편철절차
- 신규기록철 생성
- 기록철명 부여
- 주제어 목록 생산
- 신규기록철 통제

1. 물리적인 기록철(The Physical File)

종이기록의 경우, 특정 업무활동이나 주제와 관련되는 문서를 하나로 모으는 지적 개념을 물리적으로 구현한 것이 기록철이다. 한편, 우리는 종종 기록철을 물리적인 실물(object)이라고 생각하지만, 물리적인 기록철과 지적 개념의 기록철을 구분하여 상기하는 것이 중요하다. 컴퓨터 파일은 전자적인 데이터의 논리적인 조합체로 (출력되지 않으면) 물리적인 형태를 갖지 않으므로 화면으로만 정보를 볼 수 있다. 컴퓨터 파일에는 워드프로세서로 작성된 문서, 색인, 데이터베이스가 있다.

기록철 1(File 1): 문서는 동일한 주제, 활동, 사안과 관련되므로, 현용하거나 보존기록의 정리절차에서 (보통 폴더 안에) 그룹화 한 것임. 즉, 문서의 조직된 물리적인 조합체임. *주기(Note)*: 기록철은 보통 기록시리즈 내 기본단위임

파일 2(File 2) : 컴퓨터 시스템에 저장된 데이터의 논리적인 조합체임. *주기(Note)*: 워드프로세서 시스템에서 이는 물리적인 문서의 지적 표현물임

기록철 재킷이나 폴더와 같은, 종이기록철의 표지는 보통 단단한 마닐라지(紙)나 판지(board, 板紙)로 만들어진다. 표지는 편철된 기록건보다 좀 큰 것을 부착하여 기록을 이용하거나 관리할 때 물리적인 손상을 줄인다.

> 얇은 기록철 표지를 사용하는 것은 현명하지 않다. 기록철 표지가 얇으면 쉽게 닳아 손상되므로 두꺼운 표지보다 더 자주 교체하게 된다.

기록철 표지에는 보통 조직명과 조직의 적절한 국명이나 부속기관명을 미리 인쇄한다. 표지에는 전형적으로 다음과 같은 정보를 담는다.[4]

- 기록철명
- 분류코드
- 주제어나 색인
- 생산일
- 기록철 참고사항. 이전기록철(previous files), 연속되는 기록철, 관련 기록철 등
- 보안등급(security classification)
- 보존 및 처리정보

---

4) [역자주] 고선미 역, 『현용기록물 관리: 업무편람(Managing Current Records: The Procedures Manual)』 진리탐구, 23쪽, 62쪽 참조

또한, 현용기록철 표지에는 종종 기록철 회람사항을 기록하는 표형식의 항목(grid or ladder)이 있다.

기록 전산관리시스템으로 제목과 번호를 기재하는 기록철 라벨을 쉽게 확보할 수 있다. 기록철, 여타 기록철관리카드나 기록철 인수인계기록에 부착하기 위해 자동화시스템으로 라벨 사본을 여러 장 준비한다(이러한 메커니즘에 대해서는 제8과에서 다룬다). 라벨을 출력할 때 기계가독 바코드도 함께 생산할 수 있다. 바코드는 기록철을 추적할 때 이용된다.

'file'이라는 말의 어원은 라틴어 filum으로, 그 의미는 실(thread)이다. 보통, 실을 꼬아 만든 편철 끈(tag)으로 기록건을 기록철에 고정시킨다. 영국에서는 'Treasury tag'이라고 알려져 있는 이 실을 기록철 표지와 각 문서 왼편 위쪽 구석에 구멍을 뚫어, 넣는다. 'Treasury tag system'은 기록철에 구멍을 뚫어서 기록건을 고정시키는 방법으로 정보손실 위험을 최소화할 수 있는 가장 저렴하고 손쉬운 방법이다.

> 보통 끈(tag)이나 링바인더(ring binder)를 이용하여 기록건을 고정시킨다.

기록철 표지에 treasury tag을 끼우는 올바른 방법에 대해서는 『현용기록물 관리 업무편람(Managing Current Records: A Procedures Manual)』을 참고하라.

다른 체계에서는 기록철 표지와 기록건 왼편에 구멍을 내고 견고한 끈 두 개를 사용하여 고정시킨다. 또 이를 변형한 기둥모양의 원통(pillar)이나 링바인더를 이용할 때는 기록건 왼편에 2~4개 정도 구멍을 뚫어 정리한다. 후자가 더 안전하지만, 'Treasury tag' 체계보다 비용이 많이 들고, 더욱이 종이문서를 넘기기 불편하고 기록건 좌우에 여백이 없으면 정보가 손실될 위험이 높다.

특히, 기온이나 습도가 높은 곳에서 기록철을 유지해야 하는 경우, 기둥모양의 원통이나 링바인더에 사용되는 금속이 부식되어 기록건이 손상될 여지가 있다. 또, 기록철안의 개별 기록건을 고정시키는 끈이나 철편, 종이클립이나 핀도 부식될 수 있으므로 가능하다면, 비금속(화학작용을 일으키지 않는 플라스틱)요소를 사용하는 것이 좋다.

> 기록철은 그 안전과 관리의 용이성을 위해 두께가 너무 두꺼워서는 안 된다.

기록철이 너무 두꺼워서는 절대 안 된다. 끈의 길이가 충분하고 기둥모양의 원통이나 링에 여유 공간을 두어, 기록철 안에 있는 기록건의 구멍주위가 찢어지거나 떨어져 나가지 않고 잘 넘겨 쉽게 읽을 수 있도록 한다. 그렇지 않으면, 기록건이 손상될 뿐만 아니라, 기록철의 내용물이 떨어져서 원질서를 잃게 되는 위험을 초래할 수도 있다. 기록철 표지나 문서가 손상되었을 때, 접착테이프(스카치테이프나 셀로 테이프 등)를 붙여서는 안 된다. 테이프가 변색되고 붙였던 종이가 손상된다. 이를 복원하거나 착색된 것을 없애는 것은 극히 어렵다. 손상된 기록철이나 기록건을 복원하기 위해서는 보존전문가(archival conservator)의 조언을 구한다.

> 접착테이프의 이용 등 보존문제에 관한 정보를 얻으려면 『기록물 보존(Preserving Records)』을 참고하라

> **[연습31]**
> 독자가 소속된 기관에서는 기록건을 기록철에 어떻게 고정시키는가? 독자는 기록을 좀더 효율적으로 운영하고 기록건을 보호하기 위해 기록철에 종이를 고정시키는 절차를 개선하는 세 가지 방안을 제안할 수 있는가?

2. 문서편철(Filing Papers)

> 문서(papers)는 접수 및 생산 순서로 편철한다.

기록철 안에 기록건을 올바른 순서로 유지하는 것은 의사결정이나 집행이 이뤄진 맥락을 유지하는 것이고, 사안의 순서를 고정시키는 것이다. 기록건은 사안의 부분을 구성하므로 사안의 진행순서와 동일하게 편철한다. 그러나 이러한 원리가 각각의 개별 기록건을 시간순으로 편철하는 것과 동일한 의미는 아니다.

기록건은 생산 또는 접수순으로 기록철에 정리한다. 접수문이나 그 첨부물과 같이, 관련 문서는 하나의 기록건으로 다뤄진다. 그러므로 시행문은 작성시점이 또 다른 접수문의 접수시점보다 늦더라도 후자보다 앞에 편철한다. 접수문에 회신하기 전에 또 다른 접수문을 처리하지는 않을 것이다. 이러한 편철기준은 올바른 업무순서를 반영한다. 생산 및 접수순서 그대로 기록건을 편철하는 것은 간단히 수정할 수 있고 편철담당자가 여러 명일 때 일관되게 운영하기에 용이하다.

또는, 접수문 및 첨부물, 관련 회의록, 각서 및 회신사본과 같이, 사안별로 기록건을 해당 기록철에 모아 두는 것도 한 방법이다. 이는 상이한 사안에 관한 기록건을 달리 편철하여 기록철 이용자가 업무와 관련한 기록건의 순서를 알아보기 쉽다.

이러한 대안에는 기록담당자나 업무담당자가 특정 사안과 관련한 서식을 완벽히 작성하는 시점을 항상 정할 수 없는 단점이 있다. 예를 들어, 장차 수발신문을 접수하여 업무순서대로 관련 기록건을 해당 위치에 끼워 넣기 위해서는 기록철의 내용물을 정기적으로 재배열해야 한다.

때때로 이런 난제는 기록철에 들어가는 상이한 사안을 구별하는 기록철 구분자를 이용하거나 잡철(multiful file)을 생산하여 극복하기도 한다. 그러나 이러한 체계에서는 표지 등 소모품을 더 많이 사용하게 되므로 비용이 많이 든다. 또한, 운영하는데 성가시고 소요시간이 길다. 이러한 이유로, 앞서 언급한 시간 순 방법을 선호하게 된다.

(1) 편철방법(Methods of Filing)

편철하는 방법은 다양하다.
'아래에서 위로(Back-to-front)'는 가장 일반적인 방법으로 선호된다. 새로운 문서를 기존 기록건 위에 추가하는 것으로 가장 최근 생산되거나 접수된 기록건이 항상 맨 위에 온다. 이 방법은 운영하기 쉽고 기록건을 빼낼 필요가 없으므로 업무담당자가 최근 기록건을 상기하기에 용이하다.

> 기록철 맨 위에 새로운 기록건을 추가하여 편철하는 것은 시간순으로 유지하는 가장 손쉬운 방법이다.

이와 반대되는 '위에서 아래로(front-to-back)'의 방법은, 새로운 기록건을 기존 기록건 아래 추가하는 것이다. 이 체계는, 링 바인더나 기둥모양의 원통 바인더 유형을 사용하는 경우에만 운영될 수 있다. 업무담당자가 최근 기록건에 주목하기에는 쉽지 않으나 기록철을 시간 순으로 살펴보기에 편리하다.

시간순과는 별개로 기록건을 양쪽에 편철할 수도 있다. 기록철의 편철 끈을 이용할 때는 오른 편 맨 위쪽에 구멍을 뚫고 기록건을 왼편에 둔다. 이 방식은 개별 기록건과 연결되는 훈령 및 내부회의록을 수발신문, 각서, 보고서 여타 관련 사안의 기록건과 구별할 때 사용된다.

이러한 '분할 기록철(split file)' 체계는 과거에는 일반적이었으나 현재는 거의 사용하지 않는다. 왜냐하면 적절히 유지하기에 시간과 노력이 너무 많이 소요되기 때문이다. 그럼에도 불구하고, 해당 업무담당자나 기록담당자가 기록철의 내용물을 전반적으로 보지 못하기 때문에, 그들이 주목해야 하는 수발신문, 훈령, 주문(notes)을 적시할 수 있는 장점이 있다.

'분할 기록철' 체계는 종종 '여러 장으로 구성된(foliating)' 기록건에 이용된다. 쪽수는 기록철에서 기록건이 편철된 순서대로 1부터 연번으로 부여한다. 그리고 나서, 기록철 표지 안쪽 왼편에는 기록건의 번호(folio number)순으로 색인목록(minute sheets)을 작성한다.

쪽수를 기입하기 때문에 기록건 자체에 설명을 기재할 필요는 거의 없다. 그러나 업무담당자나 기록담당자가 기록건을 정확하고 일관되게 운영하지 않으면, 기록건의 번호체계가 변질된다.

> 『현용기록물 관리 업무편람(Managing Current Records: A Procedures Manual)』에서는 기록건에 번호를 매기는 방법을 권고하고 있다

또한, '분할 기록철' 체계는 일반적으로 장기 보존가치를 갖는 기록건과 단명하는 문서를 각각 오른편, 왼편으로 분리하거나 왼편에 복본을 두기 위해 이용되곤 한다. 보통은 기록철

에 기록된 사안의 연속성(continuity)을 유지하기 위해 관련된 모든 기록건을 편철하고 단명의 자료는 다른 기록철에 배치하거나 그러한 자료 일체를 편철하지 않는다(이에 대해서는 아래에서 더욱 상세히 설명한다).

(2) 편철대상(What is to be Filed?)

중요한 기록건은 반드시 편철되어야 한다. 그러나 조직에 접수된 기록건 전체를 기록철에 넣어야 하는 것은 아니다.

편철되어야 하는 기록건은 접수문, 수발신문과 관련한 내부회의록, 시행문 전체이다. 내부적으로 생산된 행정·재무·법무·집행 기록건은 편철되어야 한다. 단명의 가치를 갖는 기록건과 사본은 편철하지 않는다.

> *중요한 기록건은 기록철에 추가하되, 단명의 기록건을 기록철에 편철할 필요는 없다.*

예를 들어, 다음과 같은 유형의 기록은 일반적으로 편철하지 않는다.

- 수기(手記)로 작성하거나 타이핑한 초안. 편철대상인 최종안과 실제로 차이가 없는 경우
- 수발신문과 위원회 회의록 및 기록건, 보고서 및 지시 등 내부문서 사본. 주석도 없이 단지 정보만 제공하고 조직의 계속사업과 관련되지 않는 경우
- 여분의 문서나 중복사본
- 대량 생산자나 공급자의 카탈로그, 광고문, 사회행사 초대장, 정보로서만 회람되는 언론 스크랩 등 단명의 자료

이러한 자료는 별도로 보관하여 현용되는 동안만 보유하다가 폐기한다.

보고서나 간행물과 같은 유형의 기록건을 기록철에 두는 것이 항상 실용적이지는 않다. 비슷하게, 위촉장, 사진, 지도, 표, 설계도 등 표준적인 형태가 아닌 아이템을 보존하기 위해서는 별도 양식이 필요하다. 이러한 아이템에는 여러 조건이 필요하다.

기록실에서는 '도서관 및 기록 센터'로 보낼 보고서나 여타 아이템을 선별한다. 상호 참조하는 체계에서는 기록철이나 이미 편철되어 있는 관련 기록건을 연계시킬 수 있다. 보고서와 간행물은 상자, 봉투, 접이식 봉투 등 적합한 보존용기에 둔다, 각 보존용기에는 관련 기록철의 분류코드를 기입하거나 라벨을 붙여둔다. 아이템에 편철되어 있는 기록건에는 기록 센터의 아이템 위치정보를 기재한다.

위촉장, 사진 등의 아이템과 접혀진 도표는 기록철에 둘 수 있다. 이때 봉투 등 보존용기에 넣고 내용물을 표시한다. 봉투는 관련 서식과 함께 기록철내의 올바른 위치에 두고, 끈으로 묶거나 표지 안쪽까지 끈으로 고정시킨다. 다시, 기록철의 주요 형태에 함께 둔 관련 기록건과 표지를 상호 참조한다.

(3) 종이문서의 편철담당자와 편철시기

편철절차를 마련하여 확실히 강제한다. 그 절차야 어떻든, 이를 일관성 있게 적용하는 것이 필수적이다. 종이기록을 누가, 언제 편철할 것인가는 통제체계의 유형에 따라 좌우된다.

레코드키핑이 전통적으로 중앙 집중적인 경우, 조직의 기록실에서 접수문을 개봉하여 등록하고 관련되는 (기존 또는 신규)기록철에 추가하거나 정리한 후 지정된 업무담당자나 조직으로 전달한다.

어떤 체계에서는 선임관리자가 접수문을 '선람'한다. 선람자는 각 아이템의 처리지시를 수발신문에 표시한다. 회람 후 지시사항이 기재된 접수기록철은 기록실을 경유하여 관련 업무담당자에게 배부된다. 이러한 체계에서는 최고 선임관리자뿐만 아니라 여타 선임자에게 자료를 회람하도록 하여 최근 배부사항을 알 수 있도록 하기도 한다. 이런 경우, 수발신문 처리지연을 최소화하기 위해 가능한 한 회람범위를 좁히는 것이 중요하다.

수발신문의 회람에 대해서는 제Ⅱ 과에서 다룬다.

> **[연습 32]**
> 독자가 소속된 기관의 편철실무에 대해 설명하고 다음 질문에 답하라:
> 기록을 어떻게 편철하는가? 아래에서 위로(Back to front), 위에서 아래로(Front to back) 또는 제3의 방법?
> 기록철에 어떤 자료를 두고, 어떤 것은 편철하지 않는가? 그 이유는 무엇이고 제외된 자료는 어떻게 하는가?
> 편철 책임자는 누구인가? 기록을 편철하기에 앞서 어떻게 평가하고 처리하는가?

3. 신규기록철 생산(Creating a New File)

새로운 주제의 기록건을 접수하거나 생산할 때 신규 기록철을 개설한다. 새로운 주제를 행정적으로 처리할 때 신규 기록철을 만들어 기록건을 보관한다. 기존 주제와 새로운 주제를 구별하여 새 주제는 신규 기록철(또는 하위기록철)에 넣는다.

각 기록철에는 그 내용물을 정확하고 일관되게 포괄할 수 있는 기록철명이 있어야 한다. 기록철에는 분류코드를 부여하여 고유하게 인지할 수 있도록 하고 기록철 통제체계에서 확인할 수 있도록 기록한다.

기록실의 직원만이 기록철을 만들고 제목을 붙이고 분류하고 코드를 부여하도록 하여 기록철을 일관성 있게 확실히 통제한다. 그러나 필요할 경우에는 관련 업무담당자와 협의한다. 업무담당자는 신규 기록철의 필요여부와 적합한 용어에 대해 확실히 소언할 수 있다.

(1) 신규기록철 생성(Opening New Files)

기록실담당자는 기록건이 접수되면 기존 기록철 가운데 그에 적합한 것이 있는지 그 여부를 기록철 색인(기록철 색인이 없는 경우에는 기록철 개요도)에서 확인하고 결정한다. 해당 기록철이 없으면 기록철을 새로 만들어 기록철명을 작성하고 번호를 붙여 기록건을 분류한다.

수발신문이 발생하기 전에 신규 기록철을 만들어서는 안 된다. 장래 수발신문을 예상하여 기록철을 만들게 되면 그 노력과 기록철 표지를 허비하게 되고 잘못하면 기록철 색인에 혼선을 초래할 수 있다.

새로운 기록철이 필요한지 확신이 들지 않을 때는 기록실담당자가 관련 업무담당자에게 조언을 구한다. 또 업무담당자는 새로운 기록철이 필요할 지 관심을 가져야 한다.

만약 새로운 기록철이 필요하다면 기록실담당자는 무엇을 담을 것인지 양이 얼마나 될지 조심스럽게 판단한다. 각 기록철은 단일한 주제, 잘 정의된 업무활동, 특정 유형의 사안과 관련된다. 각 기록철에는 그것만의 별도 줄거리(story)가 있다. 고유한 줄거리가 있는 한 기록철의 두께나 분철여부는 더 이상 중요하지 않다.

> 각 기록철은 단일한 주제, 즉 잘 정의된 업무활동과 관련된다.

기록철의 범주가 너무 좁거나 세부적이라면 줄거리의 일면만을 보여주게 된다. 이런 기록철이 너무 많으면 업무담당자가 기록철에 담긴 줄거리가 전체 이야기라는 것을 확신할 수 없기 때문에 업무의 진행상황을 이해하기 곤란하다. 특정 기록건을 배치하고 찾을 때 해당 기록철이 불확실한 경우와 마찬가지로 기록철의 대상 범주가 너무 좁으면 편철 및 검색에 문제가 발생한다.

너무 많은 주제를 담고 있는 기록철도 이용하기에는 곤란하다. 업무담당자는 흐름(story)이 있는 다량의 기록건을 뒤적여야 한다. 더욱이, 기록철의 수가 빠르게 증가하면 더욱 빈번하게 기록철이 생산되어 좋지 않은 문제를 야기하게 된다.

기록철이 매우 빠르게 증가하거나 관계가 없는 기록건을 함께 편철하면, 굉장히 포괄적인 기록철과 보다 세분화된 기록철이 발생하게 되는 한편, 그 증가비율은 다르다; 잘 정의된 업무영역을 포괄하는 특정 기록철은 여전히 빠르게 늘어난다.

(2) 기록철의 분철, 하위기록철, 연속되는 기록철(Parts of Files, Subfiles and Continuation Files)

기록철은 때때로 분철된다. 왜냐하면 기록철이 너무 두꺼워질 수 있고, 기록철을 생산했을 때 예상치 못한 다양한 불연속적인 면으로 기록철의 주제에 의문이 생길 수 있기 때문이다. 기록철의 분류나 코드부여, 평가, 보존 및 폐기를 고려할 때, 분철, 하위기록철, 연속되는 기록철을 구분하는 것은 중요하다.

첫 번째 경우(기록철이 너무 두꺼워졌을 때), 오래된 기록철을 물리적으로 종결하고 새로운 것을 생산하지만, 양쪽 모두 단일한 지적 기록철이다. 여기에는 동일한 기록철명과 분류코드를 부여하고, '분철1(part 1)', '분철2(part 2)'로 구분한다. 이는 생애주기 전반에 걸쳐 하나의 실체로 관리된다. 이 모듈에서는 이를 분철(또는 권(volumes))이라고 한다.

> *분철(Part)*: 기록철의 분량이 늘어날 때 시간 순으로 분리시킨 물리적인 단위임

첫 번째 기록철을 분철이라고 하지는 않는다; 첫 번째 기록철 다음에 만든 기록철에 '분철 1'이라는 번호를 붙인다. 그 다음 기록철에는 '분철 2'를 붙인다. 이러한 실무에 따라 원래 기록철이나 관리서식에 다시 번호를 부여할 필요는 없다. 더욱이, 원래 기록철의 모든 참조번호(예를 들어, 수발신문 등록부나 수발신문의)는 계속 동일하다. 기록철 참조번호에 분철번호를 추가하게 되면 기록철 표지나 관리서식에 적힌 참조번호에도 반영한다.

기록철의 주제가 다양하다면 주제에 따라 새로운 물리적 지적 기록철인 하위기록철을 생산한다. 그러나 보다 일반적인 본래(parent) 기록철이 계속 이용될 것이다. 새로운 기록철명에는 본래 기록철명의 요소가 포함될지라도 본래 기록철과 분명히 구분되고, 생애주기에 따라 별개의 실체로 관리된다. 몇몇 체계에서, 이러한 신규 기록철은 본래 기록철의 '하위기록철(subfile)'로 표시하여 본래 기록철과 연계하여 관리된다.

> *하위기록철(Subfile)*: 더 일반적인 기록철과 분절적인 주제를 다루는 별개의 기록철임

분철과 하위기록철 모두 '연속되는 기록철'과 구분되어야 한다. 연속기록철은, 주제에 관한 오래된 기록철이 생애 종결시점에 이르러 예를 들어, 생산일로부터 5년이 되었으나 기록철에 담긴 주제문서가 계속 생성되고 있으므로 생산, 유지되는 지적, 물리적인 신규 기록철이다. 연속기록철은 일반적으로 앞선 기록철과 동일한 철명을 갖지만 표지에 기록철 번호와 생산일을 기록하므로 다른 기록철의 생애를 갖게 된다.

> *연속기록철(Continuation file)*: 주제에 관한 오래된 기록철이 기록철 생애종결 일자에 이르렀을 때 생산되는 신규 기록철임

> *기록철 생애(File cycle)*: 기록건을 기록철에 계속 편철하는 구체적인 기간임. 이 기간말미에 기록철에서 다루는 주제의 기록건이 계속 생산되는 경우 신규기록철을 마련함

몇몇 코드부여 체계에서는 생산년도를 기록철 참조번호의 일부분으로 구성하기도 한다. 이는 기록철 표지와 관리서식에 시작연도와 종결연도를 표시한다는 점에서 장점이 있다. 그러나 참조번호에 또 다른 요소를 추가하는 것은 단점이 되기도 한다.

제5과에서 언급하였듯이, 연속기록철에는 또한 연번이나 운영번호를 별도로 추가하여 앞선 기록철과 구분한다. 예를 들어, 연속 기록철에는 AB/3/17/04라고 코드를 붙일 수 있고 여기에서 '04'는 연번이다.

기록철을 종결하는 과정에 대해서는 이 과 말미에서 다룬다.

> **[연습 33]**
> 독자가 소속된 기관에서는 새로운 기록철을 어떻게 생산하는가? 기록철을 분철, 하위기록철, 연속기록철로 구분하는가? 그 과정을 설명하라.

4. 기록철명 부여(Assigning File Titles)

기록철명은, 기능적 맥락에서 기록철의 구체적인 주제나 내용을 모호하지 않게 기술할 수 있는 단어나 용어, 구문으로 구성된다.

기록철명은 신중하게 통제한다. 동일한 주제를 기술하는데 상이한 단어나 구문을 사용하게 되면 기록건을 편철할 때 반드시 곤란을 겪게 된다. 일관성을 유지하기 위해 기록철명에 이용된 '주제어'는 적합한 명칭에 대한 전거목록과 주제용어 시소러스나 통제어휘를 이용하여 관리한다.

> *시소러스(Thesaurus)*: 통제되거나 구조화된 주제어. 유사어, 협의·광의의 위계 및 여타 관련어, 의존성을 보여줌
>
> *전거목록(Authority list)*: 이름(인명, 법인명, 지명)을 포함하여 표준화된 주제어 목록. 정보를 검색할 때 접근점으로 사용됨
>
> *주제어(Keyword)*: 기록건이나 기록철명 또는 원문에서 추출한 용어나 결합어. 이는 기록철이나 기록건의 내용을 특징지으므로 검색 접근점이 됨
>
> *주제어 목록(Keyword list)*: 기록철을 분류하거나 색인할 때 주제어 선택을 제한하는 통제어휘

주제어 목록은 통제 메커니즘이다. 이는 색인하는 절차를 정밀하고 일관성 있게 강제하여 개별기록을 색인하고 분류하는 방법을 제한하는 것으로 이용자나 운영자가 특정 주제에 관

한 기록의 소장위치나 접근 가능한 지점을 알 수 있도록 지원한다.

또한, 주제어 목록은 기록철명을 부여할 때 이용할 수 있는 표준어휘이다. 통제어휘나 주제어 목록은 기록철명에 이용되는 단어선택의 폭을 제한하고 색인과정을 지원하여 기록건이 편철된 기록철의 불분명성을 제거한다.

조직에서는 국과 본부 간에 종이나 전자적인 형태의 정보를 공유하는 비율이 높아지고 있다. 결과적으로, 조직의 전 직원은 기록철과 기록건의 제목으로 검색하게 되고, 이러한 환경에서 협력적이고 광범위한 시소러스나 통제어가 요구된다.

이 협력적이고 광범위한 시소러스에는 전반적으로 조직과 관련되는 용어인 만큼 개별 부처에 한정되는 '전문'용어가 포함될 수 있다. 따라서 이미 만들어진 시소러스가 판매되고 있기는 하지만 조직의 요구사항에 부합하기 위해서는 일반적인 기록관리 목적에 따르는 기관의 시소러스를 마련하는 것이 필요하다.

> *분명하고 정밀한 기록철명으로 기록철 내용을 간략하지만 정확하고 상세하게 제공한다.*

기록철명은 가능한 한 서술형이어야 한다. 이를 통해 기록철의 실제적이고 계획된 내용을 정확하고 상세히 제시하여 이용자가 기록철에 무엇이 담겨있는지를 짐작할 수 있도록 한다.

동시에, 기록철명은 구체적이어야 한다. 이는, 기록담당자가 실제 몇 개의 주제가 될 수 있는 원래 내용을 포괄하여 하나의 기록철로 사용하지 않도록 하기 위해서이다. 기록철명은 기록철의 내용을 기술하고 그 안에 담긴 자료의 범주를 한정한다.

'일반(General)'이나 '잡철(Miscellaneous)'이라는 단어가 들어가는 기록철명은 피한다. 이러한 용어를 사용하면, 기록철을 편철하거나 색인할 때 오류를 범하거나 비효율적으로 운영할 수 있다. 거의 모든 일반기록철은 빠르게 증가하여, 특정(specific) 기록철에 들어가야 하는 기록건이 무작위로 방치될 수 있고 또 기록건을 찾기 위해 업무담당자나 기록담당자가 두 부분-특정기록철과 일반기록철-을 다 뒤져야 할 수 있다.

일반기록철의 또 다른 위험요소는 이미 적합한 특정기록철에 있는 문서복본이나 일체 편철해서는 안 되는 단명의 기록건을 편철하게 되는 점이다.

종이기록철의 명칭을 부여하는 약속은 전자적인 기록건을 넣는 파일이나 디렉토리를 명명할 때도 적용된다. 물론, 전자적인 체계에서 사용가능한 문자나 숫자의 수는 제한된다.

명명어의 순서는 일반적인 것(일차적인 개념)에서 좀 더 구체적인 활동이나 주제로 세분된다. 예를 들어, '서비스체계(Scheme of Service): 행정 분류(Administrative Class): 신판(New Edition)'과 같다. 모든 기록철명이 분명한 위계를 갖는 용어로 구성되는 것은 아니다, 일관성 있고 분명한 용어를 사용하는 것이 기록철명을 명명하는 용어의 순서보다 중요하다.

많은 실례로 볼 때, 기록철명의 일차적인 요소는 자명성(self-evident)이다. 이는 기록철이 포함되는 시리즈나 하위시리즈로 이어진다. 기능적으로 고안된 체계에서, 용어는 '인사' 등 일차적인 기능영역 또는 '퇴직수당(superannuation)' 등 하위기능이나 활동과 관련된다.

기록철명의 두 번째 요소는 가능한 한 정확해야 한다. 기록건의 내용을 정확히 반영하고 여타 기록철명과 중복되어서는 안 된다. 이용된 실제어(substantive language)는 자연어(natural language)와 유사할 지도 모르나 주제어 목록에서 추출한다. 예를 들어 '보건부내 조기퇴직'의 경우, 주제어는 '보건부' 및 '퇴직'이나 '조기퇴직'이 될 수 있다. 그러나 항상 기록철에 주제어를 사용하는 틀에 얽매여서는 안 된다. 주제어를 강제적으로 사용하도록 하면 어색한 명칭이나 모호한 표현이 사용될 수 있다. 기록철명은 내용을 가장 정확하고 정밀하게 기술하는 것이 중요하다.

새로운 기록건을 기록철에 주가할 때는 기록철넝에 내용이 확실히 반영되어야 하지만 너무 일반화되어서는 안 된다.

> *기록철명에 대해 어떤 의구심이 들면, 해당 업무담당자의 의견을 확인한다.*

기록철명을 절대적으로 변경할 필요가 없는데 변경하는 것은 현명하지 못하다. 업무담당자는 익숙한 기록철명이 있으므로 이를 변경할 경우 혼란스러워 할 수 있다. 기록철간 상호 참조를 위해 필요한 경우, 이전 기록철명에 포괄되지 않는 기록건을 편철하기 위해 신규

기록철이나 하위기록철을 생산하는 것이 더 나을 수 있다. 기록철명을 변경하는 것이 정당하다면, 기록실의 담당 선임자가 승인하고, 기록철 색인을 포함하여, 모든 관리서식을 최신 현황으로 확실히 관리한다.

> **[연습 34]**
> 독자가 소속된 기관에서는 기록철명을 어떻게 부여하는가? 그 과정을 설명하라.

5. 통제어휘나 주제어 목록 생산(Creating Controlled Vocabulary or Keyword List)

통제어휘의 일반원리에 대해서는 제2과에서 다루었다.

기록철이나 여타 기록을 분류하거나 색인하는 용어는 통제어휘에서 선택하여 정밀성을 확보한다. 통제어휘로는 (인명, 단체명, 지명의 표준형태를 제공하는) 전거목록이나 시소러스를 활용한다. 주제어(우선어, 관련어, 광의어, 협의어)의 이용을 통제하고, 상호참고를 통해 용어간 관련성을 밝힌다. 용어간의 관련성은 아래에서 좀 더 상세히 논의한다.

> 기록철이나 여타 기록을 분류하고 색인할 때 용어는 통제어휘에서 제한적으로 선택한다.

지방이나 지역과 같이 규모가 작고 집중적인 정부나 소규모 업무의 경우, 기록관리기관에서 총괄어휘나 주제어 목록을 보유하기도 한다. 규모가 큰 조직의 경우에는, 기록관리기관에서 지침을 받아 조직수준에 맞는 주제어 목록을 보유하는 것이 실제적이다. 후자의 경우 신규기록철을 기술하는데 필요한 색인 표제를 운영하기 위해서는 조직의 기록관리부서 선임자가 새로운 용어를 승인할 책무가 있다.

신규기록철을 생성하며 필요한 경우에만 새로운 색인어를 추가한다. 색인어를 구성하는 것은 도서관에서 이용하는 유형의 보편적인 분류체계를 만들기 위한 것이 아니다. 오히려, 체계 내에서 실제 기록철을 즉각적이고 국부적으로 이용할 수 있는 업무도구를 생산하는 것이 목적이다. 몇몇 사례의 경우 새로운 주제어 목록은 기존 현용기록철명에서 기본적으로 추출하여 만들 수 있다.

또한, 기록관리체계를 재구성하는 프로그램을 설계할 때 기존 주제어 목록을 수용할 수도 있지만, 현재 요구사항에 부합되지 않는 오래된 실무를 계속 유지해서는 안 된다. 주제어 목록은 신중하게 분석한 기능 및 활동에 기반을 두어야 한다. 이에 대해서는 제2과에서 논의하였다.

통제어휘나 주제색인을 구축하는 것에 대해서는 『현용기록물 체계 재구축 업무편람(Restructuring Current Records Systems: A Procedures Manual)』에서 상세히 기술하고 있다.

기록철명에 이용되는 주제어는 적합한 명칭(인명, 장소명, 조직명 등등) 또는 실존하는 것('학교' 등)이나 이론적인 개념('교육' 등) 등의 주제용어이다. 복합어는 명사구(名詞句, '노년퇴직' 등)나 형용사로 수식한 명사('강제적인 퇴직' 등)이다.

이 과의 모든 예시가 영어이고 알파벳을 사용하지만, 일반원리는 언어나 필적과 상관없이 동일하게 적용된다.

주제어를 선택하는 것은 중요하다. 여기에는 다른 언어('사파리' 등), 전문어('백서'), 두문자어('유네스코' 등), 약어('국제형사경찰기구' 등), 상품명('제록스', '윈도즈' 등)에서 추출된 단어가 포함될 수 있다. 마지막 유형의 단어는 널리 이해되거나 마땅한 대안이 없는 경우에만 사용하고 은어는 피한다.

둘 이상의 의미를 갖는 단어는 주의하여 사용한다. 예를 들어, 'duties'는 과세나 채권, 사람들의 책무를 의미한다. 이러한 단어는 '수입관세'나 '경찰의 책무'와 같이 복합어로 사용될 때만 그 의미가 분명해 진다.

(1) 통제어휘 간의 관련성(Relationships between Terms in a Controlled Vocabulary)

통제어휘나 주제어 목록에 담긴 몇몇 용어는 서로 연관된다. 관련성에는 세 가지 유형이 있다.

- 등가(等價)의 관련성(동일한 것을 의미하는 용어)
- 위계적인 관련성(광의어와 협의어)
- 결합되는 관련성(서로 결합되지만 광의어나 협의어가 아닌 용어)

등가의 관련성은 두 개의 다른 단어가 동일하거나 매우 유사한 의미를 갖는 경우이다. 우선어 하나만 주제어로 사용한다. 나머지 사용되지 않는 용어(unused term)는 통제어휘에 상호참조를 달아 이용자가 우선어에 주목할 수 있도록 표시한다.

예를 들어, '장비(equipment)'는 '기계류(machinery)'에 대한 우선어이고 통제어휘에는 '기계류는 장비를 이용하라(Machinery USE Equipment)'고 표시한다(USE는 표준색인 실무에서 'see'와 동일하다.).

위계적인 관련성은 한 주제어가 다른 주제어보다 협의어이거나 하나의 광의어에 여러 협의어가 있는 경우이다.

예를 들어, '여행 승인(travel allowances)'은 '승인(allowances)'보다 협의어이고 '국외여행 승인(foreign travel allowances)'보다는 광의어이다. 각 용어에는 그만의 의미범주가 있다. '국외여행 승인'을 사용하지 않고, 이를 상호 참고할 수 있도록 광의어 '여행승인' 아래 색인하는 방법도 있다. 적합한 상호참고(국외여행승인, 여행승인을 보라(SEE))는 색인에 포함된다.

결합되는 관련성은 주제어가 개념적으로 밀접하게 관련되나 위계를 이루지 않는 경우이다.

예를 들어, '기술학교'는 '중등학교'와 관련되고, 그 역도 같다. 이러한 경우, 두 용어보다 넓은 개념에서 서로 다른 측면을 더 정밀하게 색인하는 것이 통제어휘로 사용된다(관련어는 표준색인 실무에서 '도 보라(see also)'와 같다).

관련성은 아래 도표 12에 보이듯이, 위계적으로 표현된다.

```
농업(광의어)
    가축(농업보다 협의어)
        말(가축보다 협의어)
        소(가축보다 협의어)
        가금(가축보다 협의어)
```

도표 12 : 색인어 간 관련성 위계표현

다음 예시(도표 13)에서는 용어의 관련성과 함께 알파벳순으로 정리한 것이다.

```
농업AGRICULTURE
    가축Livestock (협의어)
소CATTLE
    가축Livestock(광의어)
    말Horses, 가금류Poultry(관련어)
농장동물FARM ANIMALS
    이용USE    가축Livestock(우선어)
말HORSES
    가축Livestock(광의어)
    소Cattle, 가금류Poultry(관련어)
가축LIVESTOCK
    농장동물Farm Animals(비사용어)
    농업Agriculture(광의어)
    소Cattle, 말Horses, 가금류Poultry(협의어)
가금류POULTRY
    가축Livestock(광의어)
    소Cattle, 말Horses(관련어)
```

도표 13: 관련성을 보여주고 알파벳순으로 정렬된 주제어

이러한 연관성을 제고하기 위해, 통제어휘는 분류 및 색인체계에서 '탐색' 도구로 필수적이다. 한편, 주제어 목록에 부적합한 상호참조를 달아 부하가 걸리지 않도록 주의한다. 불확실한 범주를 제거해서 기록건이나 기록철을 확인하고 검색할 때 신뢰도가 떨어지지 않도록 하는 동시에 가능한 한 쉽게 이용할 수 있도록 색인을 만드는 것이 중요하다.

몇몇 편철체계에서 주제어는 분류 및 코드부여 체계의 기본이다. 이때, 각각의 주제어에

는 코드번호를 할당한다. 이는 다음 도표 14와 같다.

주제어 코드체계는 제5과에서 개괄하였다.

1.	Government of[name of Government]	정부[정부명]
2.	Ministry[name of Ministry]	장관[장관명]
3.	Policy	정책
4.	Heads of Departments	부처장
5.	Heads of Sections	과장
6.	Planning	기획
7.	Meeting	회의
8.	Notices and Announcements	공지 및 알림
9.	Staff	인력
10.	General Orders	일반 지시
11.	Finance and Accounts	재무 및 회계
12.	Management Services Division	관리서비스국
13.	Appointment	임용
14.	Office Facilities	사무실시설
15.	Buildings	건물
16.	Stationery and Supplies	문구와 소모품
17.	Equipment and Furniture	장비와 가구
18.	Maintenance	유지
19.	Contracts	계약
20.	Telecommunications	전신
21.	Transport	운송
22.	Accommodation	설비
23.	United States of America	미국
24.	Estimates: Recurrent	견적: 정기
25.	Estimates: Development	견적: 개발
26.	Accounts	회계
27.	Audit	감사
28.	Audit Queries	감사 의혹
29.	Bank and Banking	은행

30.	Payment Vouchers	지불전표
31.	Rent(of Government Buildings)	임대(정부건물의)
32.	Pay and Grading	지불 및 등급부여
33.	Conditions of Service	서비스조건
34.	Trade Unions	무역연합
35.	Applications	응모
36.	Secretarial Grades	장관급
37.	Clerical Grades	직원등급
38.	Administration Officers	행정관리자
39.	Discipline	훈련
40.	Study Leave	연구휴가
41.	Allowances	승인
42.	Job Descriptions	업무분장
43.	Job Description	구직
44.	Appraisal(of Staff)	(직원)평가
45.	Overtime	시간경과
46.	Training	연수
47.	Staff Development	직원개발
48.	Technical Assistance	기술지원
49.	United Kingdom	영국
50.	Publications	출판
51.	Records Management	기록관리
52.	Financial Instructions	재무구조
53.	Pensions and Gratuities	연금과 퇴직금
54.	Computers	컴퓨터
55.	Legislation	규정
56.	Training Officer	연수자
57.	Civil Service Reform Programme	대민봉사개혁프로그램

도표 14: 코드번호순 주제어

Accommodation	설비	22
Accounts	회계	26
Administration Officers	행정관리자	38
Allowances	승인	41
Applications	응모	35
Appointment	임용	13
Appraisal(of Staff)	(직원)평가	44
Audit	감사	27
Audit Queries	감사 의혹	28
Bank and Banking	은행	29
Buildings	건물	15
Civil Service Reform Programme	대민봉사개혁프로그램	57
Clerical Grades	직원등급	37
Computers	컴퓨터	54
Conditions of Service	서비스 조건	33
Contracts	계약	19
Discipline	훈련	39
Equipment and Furniture	장비와 가구	17
Estimates: Development	견적: 개발	25
Estimates: Recurrent	견적: 정기	24
Finance and Accounts	재무 및 회계	11
Financial Instructions	재무구조	52
General Orders	일반 지시	10
Government of[name of Government]	정부[정부명]	1
Heads of Departments	부처장	4
Heads of Sections	과장	5
Job Description	구직	43
Job Descriptions	업무분장	42
Legislation	규정	55
Maintenance	유지	18
Management Services Division	관리서비스국	12
Meeting	회의	7

Ministry[name of Ministry]	장관[장관명]	2
Notices and Announcements	공지 및 알림	8
Office Facilities	사무실 시설	14
Overtime	시간경과	45
Pay and Grading	지불 및 등급부여	32
Payment Vouchers	지불전표	30
Pensions and Gratuities	연금과 퇴직금	53
Planning	기획	6
Policy	정책	3
Publications	출판	50
Records Management	기록관리	51
Rent(of Government Buildings)	임대(정부건물)	31
Secretarial Grades	장관급	36
Staff	인력	9
Staff Development	직원개발	47
Stationery and Supplies	문방구와 소모품	16
Study Leave	연구휴가	40
Technical Assistance	기술지원	48
Telecommunications	전신	20
Trade Unions	무역연합	34
Training	연수	46
Training Officer	연수자	56
Transport	운송	21
United Kingdom	영국	49
United States of America	미국	23

도표 14(계속): 알파벳순으로 코드번호를 병기한 주제어

기록철을 색인할 때 주제어 코드체계에서는 주제어 두 가지를 사용하곤 한다. 이러한 주제어 코드는 기록철 참조번호로 이용된다. 예를 들어, 시리즈 AB(연수 및 인력부처)에서 '컴퓨터 연수' 기록철이 생산되면 참조번호를 AB/46/54로 부여한다. 여기서 46은 주제어 '연수'이고 54는 주제어 '컴퓨터'이다. 즉, 해당 기록철은 '연수'와 '컴퓨터'로 색인된다.

> **[연습 35]**
>
> 독자의 조직에서는 편철할 때 통제어휘를 사용하는가? 그렇다면, 체계적인 업무의 수행 방법을 설명하라. 현 체계의 이점이 있는지, 그 이유는 무엇인지 기술하라.

6. 신규기록철 통제(Establishing Control over New Files)

신규기록철이 생산되면, 그 존재를 종합적으로 기록하는 것이 필수이다. 이를 통해 기록실에서는 기록철을 관리하여 필요할 때 생산하고 위치를 지정할 수 있다.

모든 기록철을 대상으로 관리서식을 운영한다. 기록철이 서식에서 누락될 때 기록실에서 추적할 수 있는 가능성은 없다. 조직에서는 기록철 관련 업무를 효과적으로 수행하지 못한다. 관리서식을 정확하고 완전하게 운영하는 것은 필수이다. 기록철을 관리하는 전형적인 서식으로는 기록철등록부, 기록철색인, 기록철관리서식이 있다.

> 기록철등록부(file diary), 기록철색인(file index), 기록철관리서식(file transit sheet)으로 기록철을 매일 통제하고 관리한다.

여기에서는 기록철을 대상으로 하는 관리서식을 개괄적으로 기술하고 더 상세한 것은 『현용기록물 관리: 업무편람(Managing Current Records: A Procedures Manual)』에서 다루고 있다.

(1) 기록철등록부 유지(Maintaining the File Diary)

기록철등록부는 낱장 서식으로 신규기록철의 코드나 참조번호, 개설일, 기록철명, 이전 기록철번호를 기록한다(도표 15를 보라). 대규모 체계에서는, 각 기록철시리즈마다 별도 기록철등록부를 유지하는 것이 편리하다.

기록철등록부				
연번	기록철 번호	기록철 생산일	기록철 명	기존 기록철 번호

도표 15: 기록철등록부

기록담당자는 특정 기간 동안 개설된 기록철을 모니터할 때 기록철등록부를 사용한다. 매년 말, 기록담당자는 등록된 기록철의 등록부 서식을 비치해 두고 새로운 서식을 마련한다. 이 서식에는 기본적으로 기록철의 존재를 기록하고 또한, 개설된 기록철의 통계작성에 사용한다. 편철체계를 새로이 도입하거나 개편하기 위해 기존 체계에서의 기록철 참조번호를 기록철등록부에 기록하곤 한다.

(2) 기록철색인(Indexing the File)

기록철색인은 신속한 검색에 수요하다. 따라서 이를 준비하고 이용하는 데는 매우 신중해야 한다. 기록철색인이 기록실의 기본도구이기는 하지만 업무담당자와 협조해야 한다. 기록담당자는 매일 업무 종료 시 이를 안전하게 보관한다.

기록철의 가장 중요한 주제를 설정하고 적합한 주제어를 인지한다. 이미 기술하였듯이, 이러한 주제어를 기록철명으로 표현하거나 기록철 내용으로 좀 더 확실히 인지한다.

기록철에 주제어 3~4개를 추가 색인하여 검색, 이용을 제고한다.

(3) 기록철관리서식(The File Transit Sheet)

기록철을 대상으로 하는 세 번째 서식으로 기록철관리서식이 있다. 여기에는 기록철을 이용하거나 기록철의 소장위치를 확인할 수 있도록, 기록철의 인수인계사항을 기록한다.

기록철관리서식에 대해서는 제8과에서 기술하고 더욱 상세한 것은 『현용기록물 관리 : 업무편람(Managing Current Records: A Procedures Manual)』에서 다루고 있다.

(4) 기록철 종결(Closing Files)

기록철은 오랫동안 현용하기 위해 남겨두거나 두께가 너무 두꺼워서는 안 된다. 기록철의 두께가 너무 두꺼우면 취급하기가 상대적으로 곤란하다. 결과적으로, 기록철의 내용물이 손상될 위험이 있다. 기록철을 너무 오랫동안 현용단계에 방치해 두면 궁극적으로 현업의 결과물을 적절하게 활용할 수 없는 상태로 방치된다. 더욱이, 기록철을 오랫동안 종료하지 않으면, 기록관에서 보관, 폐기 또는 영속되는 가치에 따라 보존기록관리기관으로 이관하는 처리절차가 지연된다.

> *기록철을 현용상태로 오랫동안 방치해 두거나 너무 두껍게 관리해서는 안 된다.*

기록실담당자는 기록철 표지형태에 맞도록 기록철의 최대 두께를 결정한다. Treasury tags로 묶을 수 있는 이상적인 규모는 3cm나 1인치이다. 이 두께에 다다랐을 때 기록철을 종결하고 분철한다. 새로 분철되는 기록철도 모든 관리서식에 기재한다.

그러나 기록철을 새로 분철할 때는 다음 사항을 고려하라.

- 기록철의 주제가 너무 폭넓지 않은가? 다양한 주제를 다루는 기록철을 분철한다.

- 기록철의 연대범주가 너무 길지 않은가? 오랫동안 진행되고 있는 주제이나 초기 기록건의 경우 현재 거의 필요치 않다면, 시기나 회계연도에 따라 별도 기록철을 생성한다.

- 기록철이 그리 두껍지 않아도, 현용기록으로서 기록철의 생애를 종결지어야 할 시점은 있어야 한다. 이는 기록철 생애주기로 결정한다(기록철 개설 일에서 3년~5년 정도. 그러나 경우에 따라서는 관련 처리일정표에 구체적인 시기를 할당할 수 있다).

종결시킨 기록철에는 더 이상 기록건을 추가하지 못하도록 기록실에서 감독한다. 해당 기록철 표지에는 '종결(Closed)'이라는 말을 기재하거나 대각선으로 굵은 스탬프를 찍고 그 옆에 종결일을 병기한다.

기록철을 재차 종결하도록 강제하기 위해, 이를 기록하고 마지막에 더 이상 기록건을 추가하지 못하도록 메모를 둘 수도 있다. 그러나 이는 개괄적인 절차에서 필수사항이 아니다. 기록철관리서식과 여타 관리서식에는 기록철을 지시된 날짜에 종결하도록 표시해 둔다.

종결된 기록철에 새로운 행위를 결부시키거나 새로운 기록건을 추가하지 않더라도, 종결된 기록철을 업무수행에 참고하기 위해 필요한 동안 현용상태로 유지한다. 이러한 기록철은 업무담당자가 조회할 수 있도록 특정기간 동안 기록실에서 보유하여 이용에 대비한다. 이 기간은 모든 기록철에 하나의 표준(1년과 같이)으로 적용하거나 처리일정표에 시리즈별로 구체적으로 명시하기도 한다. 업무담당자가 기록철을 요구하면 현용되는 동안 기록철의 인수인계 상황을 기록철관리서식에 일정한 방식으로 정확하게 기록한다.

[연습 36]

독자의 조직에서는 기록철을 어떻게 종결하는가? 체계적인 업무처리방법을 설명하라. 정식 절차가 없다면 독자가 생각하기에 정식체계의 이점유무와 그 이유를 기술하라.

요약

제6과에서는 기록철의 생산 및 통제에 관하여 살펴보았다. 기록철을 정의한 후, 다음과 같은 행위의 처리절차를 설정하였다:

- 기록건의 편철순서
- 편철방법
- 편철대상
- 기록건의 편철시점과 시행자
- 신규기록철 생성
- 기록철명 부여
- 통제어휘나 주제어 목록 생산
- 신규기록철 통제
- 기록철 종결

학습과제

1. 물리적인 기록철과 지적인 기록철간에 다른 점을 설명하라

2. 기록철 표지에 어떤 정보를 표시해야 하는가?

3. 기록건을 어떻게 기록철에 모아 두는가? 기록철에 기록을 붙여둘 때 어떤 위험이 있는가?

4. 기록철에 기록건을 추가하는 방법 두 가지를 기술하라

5. 편철하는 동안 관련 자료를 어떻게 취급하는가?

6. 일반적으로 어떤 유형의 기록이 편철되지 않는가?

7. 기록철에 두지 않는 자료를 어떻게 취급하는가?

8. 왜 편철절차를 설정하고 강력하게 강제하는가?

9. 신규기록철을 개설하는 이상적인 절차를 설명하라

10. 편철대상 기록이 발생하기 전에 왜 기록철을 생산하면 안 되는가?

11. 기록철의 분철은 무엇인가? 하위기록철이란 무엇인가?

12. 연속기록철은 무엇인가?

13. 기록철 생애주기의 개념을 설명하라.

14. 기록철명을 어떻게 부여하는가?

15. 기록철명을 왜 통제하는가?

16. 기록철명의 용어 서술방법은 어떠한가?

17. 주제어를 선별할 때는 무엇을 고려해야 하는가?

18. 통제어휘 안에 있는 용어 사이에 존재하는 연관성 세 가지는 무엇인가? 각 연관성을 들고 그 목적과 성격을 설명하라

19. 기록철등록부와 기록철색인의 쓰임새는 무엇인가?

20. 기록철을 종결할 때, 고려할 사항은 무엇인가?

21. 왜 기록철의 종결사항을 기술하는가?

활동 : 코멘트

[연습 31-36]

이러한 [연습]은 독자가 독자의 조직실무를 검토하고 이 모듈의 제안과 비교할 수 있도록 설계되었다. 독자는 이러한 연구프로그램을 진행하면서 알게 된 것과 소속조직의 상황을 조심스럽게 정리하여 비교해 보기 바란다.

제7과

제7과 기록건의 취급(Document Handling)

20세기 이전, 정부부처에서는 시리즈에 번호를 부여하는 것과는 별도로 수발신문을 개별 아이템으로 유지하는 경향이 있었다. 이런 기록건은 대체로 분량이 많았다. 각 아이템은 고유번호로 등록되었다. 상세 등록부나 색인으로 아이템간의 연관성(전후 문서)을 밝히고 사안의 순서를 유지하였다.

관료주의가 심화되고 정부업무가 증가되면서, 의사소통은 더욱 신속해지고 생성되는 문서의 양은 한층 더 많아졌다. 기존의 레코드키핑 체계로는 정부활동의 기록을 더 이상 분명히 유지, 접근할 수 있도록 관리하는 실제적인 수단이 되지 못하여 동일한 주제나 행사와 관련되는 기록건이 생산, 접수되면 기록철로 편철하게 되었다.

이 모듈에서 주안점을 두고 있는 것은 기록철이다. 그러나 제7과에서는 기록철을 구성하는 개별 기록건의 취급과정을 살펴보고자 한다. 특히, 생애주기의 현용단계에서 기록건을 다루는 일반원리에 대해 논의한다. 기록건의 관리절차에 대해서는 『현용기록물 관리: 업무편람(Managing Current Records: A Procedures Manual)』에서 더 상세히 다루고 있다.

- 기록건의 유형
- 기록건 관리(document management)란 무엇인가?
- 접수문(inward correspondence) 수령
- 접수문 등록
- 수발신문 회람
- 시행문 및 여타 내부 기록건 작성
- 시행문 및 여타 내부 기록건 등록
- 수발신문 편철

- 내각이나 선임관리자의 수발신문 또는 비밀 수발신문 관리

I. 기록건의 유형(Types of Documents)

앞서 논의한 기록건의 정의를 기억하라.

기록건(Document): 기록된 정보의 단위임

대부분의 기록건은 서신, 메모, 팩스와 같은 수발신문의 형태이다. 이는 한 곳에서 다른 곳으로 정보를 교환하기 위해 이용된다. 이러한 기록건에는 다음과 같은 사항이 담겨있다.

- 종이형태로 수발신하는 우편물(mail)
  - 우체국을 통해
  - 조직내부 문서수발체계를 통해
  - 개별 운송서비스를 통해
  - 인편을 통해

- 이외 의사소통의 유형
  - 전보, 텔렉스
  - 팩스
  - 전자우편
  - 네트워크로 연결된 전자적인 정보(인터넷을 통해 접수된 문서 등)

- 기타 내부적으로 생성되어 회람된 자료
  - 보고서
  - 회보, 지시
  - 서식
  - 메모, 내부 기록건
  - 위원회 회의록과 문서

기록건에 담긴 정보를 레코드키핑 체계로 포착하지 못하면 조직에서 곤란을 겪을 수 있다. 증거를 잘못 두거나 기록하지 않으면, 업무효율이 저하되고 직원의 업무시간을 낭비하게 되며 설명책임성을 훼손하여 분쟁이나 소송 등 위험상황에 조직이 노출될 수 있다.

> 조직에서는 기록건을 효율적이고 효과적으로 확실히 취급하고 편철한다.

2. 기록건 관리(document management)란 무엇인가?

> 기록건 관리(Document management): 수발신문이나 내부 기록건을 지속적으로 이용하기 위해 기록관리의 원리와 기술(techniques)을 응용하여 체계적으로 취급하고 통제함

'기록건 관리'는 수발신문과 내부 기록건을 생산하거나 접수하는 시점부터 기록건의 나머지 생애주기를 체계적으로 취급하고 통제하는 것이다. 기록건 관리는 '수발신문 관리', '우편물 및 전신관리', '등록관리'보다 광의어이다. 이러한 각각의 관리형태는 더 넓은 범주의 기록건 관리 안에 포함된다.

일반적으로 수발신문을 취급하는 순서는 다음과 같다

- 접수문을 수령하고 개봉한다
- 특별히 관리할 필요가 있는 접수문을 구분한다
- 접수문을 등록한다
- 첨부된 수표나 증권 등 귀중품을 기록한다
- 접수문과 관련 기록철을 연결한다
- 정보나 회신차원에서 접수문을 회람한다
- 회신을 준비한다(일반적으로 업무담당자의 책임임)
- 시행문을 등록한다

- 시행문을 발송한다
- 접수문(원문)과 시행문(사본), 기타 관련 문서를 편철한다

보고서, 지시, 서식, 메모, 위원회 회의록이나 문서 등 내부 기록건은 시행문과 동일한 방식으로 관리한다. 밑줄을 치며 검토한 회의록이나 초안 등 각각의 기록 사본을 기록실로 보내 레코드키핑 체계로 통합한다. 즉, 기록건에 기반을 둔 체계에서는 개별 기록건을 등록하고 편철하는 반면, 기록철에 기반을 두는 체계에서는 편철만 한다.

> 기록건은 잘 설계된 레코드키핑 체계에서 효과적으로 관리된다.

3. 접수문의 수령(Receipt of Inward Correspondence)

조직이나 실, 국, 과에서 수령한 모든 접수문은 (조직전체나 특정 기관의) 기록실로 전달되어 지침에 따라 처리된다. 대상 접수문에는 특정 기관명이나 부서명 또는 직원명이 기재되어 있다. 접수문의 관리절차는 그것이 비밀이든 또는 '비공개(private)'나 '인사(personal)' 표시가 있는 것이든 모두 지침에서 다룬다.

수신자가 기관으로 되어 있는 접수문의 처리절차는 다음과 같다.

- 다른 직원이 있는 가운데, 지명된 직원이 수령하여 개봉한다.
- 수령일자를 날인한다.
- 기록건을 개별 통제하는 곳에서는 연번을 할당한다.
  접수순으로 번호(869)를 부여함
  연도(869/99) 또는 월과 연도를(869/12/99) 덧붙일 수도 있음
- 보안등급(비밀, 대외비 등)이 있는 아이템, '개인(private)'이나 '인사'표시가 되어 있는 아이템을 인지하고 적절히 관리함
- 첨부물을 보호하고 향후 관련 수발신문과 상호참조하기 위하여, 법규문이나 증권과 같은 여타 가치 있는 첨부물 또는 송장 등을 인지하고 기록하여 적당한 곳에 구분하여

둠(첨부물에 날인을 하거나 여타 방식으로 손상시켜서는 안 됨)
- 기타 첨부물은 수발신문과 함께 둠

분산적인 등록체계에서 수신처가 기재되어 있는 수발신문은 해당지역 기록실로 곧바로 보낸다. 해당지역의 기록담당자는 권고절차에 따른다.

직원명이 기재되어 있는 수발신문은 수신자의 직위에 따라 그 취급지침이 다를 수 있다. 하위부서 명의의 수발신문은 앞서 기술한 방식대로 기록실에서 개봉하여 취급한다. 그러나 장관이나 상위부서 명의의 전문은 절차상 부속실로 곧바로 전달된다. 기록실에서 취급하든 부속실에서 취급하든 절차는 앞서 언급한 바와 동일하다.

비밀등급 수발신문은 특별한 지침에 따라 관리한다. 해당 수발신문의 취급절차는 기본적으로 앞서 언급한 바와 같으나 별도로 관리한다.

> *이미 정립되어 있는 지침에 따라 접수문을 처리한다.*

(1) 접수문의 등록(Registration of Inward Correspondence)

개별 기록건을 통제단위로 하는 전통적인 등록체계에서는 접수문을 수령하여 개봉한 후 각각 등록한다.

또 기록철을 통제단위로 하는 체계에서는 기록건을 각각 등록하지 않고 지정한 기록철에 연결시킨다. 그리고 적절히 회람하여 처리하는 경우에는 '기록건' 번호를 부여한다.

> 기록건 번호(folio numbers)와 쪽수기입(foliating)에 대해서는 『현용기록물 관리 : 업무편람(Managing Current Records: A Procedures Manual)』을 참고하라.

기록철에 기반을 두는 통제체계에서는 일상적인 서무업무를 줄일 수 있기 때문에 기록담당자의 인원을 줄여 운영할 수 있다. 그러나 그 담당자는 기록관리절차에 대해 잘 훈련된 직원이어야 한다.

기록철에 기반을 두는 몇몇 체계에서는 기록건의 주제, 관련된 개인명이나 조직명을 나타내는 주제어 색인을 통합하여 검색을 지원할 수 있도록 체계적으로 색인을 관리해야 한다.

기록관리의 단위를 신설하거나 정비할 때는 처음부터 기록철만을 통제단위로 하는 체계를 만들어서는 안 된다. 현용기록의 취급을 포함하여 모든 과정이 기존 기록건에 기초한 통제체계에서 유래되고 이러한 기존 체계에 매우 익숙해져 있는 상황이므로 기록철에 기반을 두는 체계를 심사숙고하고 수발신문의 등록을 없앤다. 이는 기록실담당자와 이용자 모두를 보호하기 위해서이다.

전산화된 기록관리체계를 운영하면 하나를 투입하여 광범위한 관리서식을 생산할 수 있다. 이러한 시스템을 통해 보다 쉽게 기록건을 통제한다. 따라서 기록건 통제는 전자기록관리체계에서 없어서는 안 되는 부분이다.

① 내부 등록부(In-registers)

전통적인 등록체계에서는 기록건에 대한 상세사항을 문서접수대장 또는 내부등록부에 등록한다. 이러한 등록부는 장정(裝幀)하거나 낱장으로 된 장부형태로 미리 인쇄해 두기도 한다.

등록부(Register) : 기록건 단위의 데이터를 정규적으로 등록할 수 있도록 구성된 것으로 대개 장부형태임

기록건접수대장은 도표 16과 같다.[5]

---

5) [역자주] MPSR 기존 번역서의 문서접수대장과 동일함

기록건접수대장								
연 번	생산일	접수일	발신처	[기관]참조	기록건 제목	접수자 및 편철일자	기록철 번호

도표 16 기록건접수대장

일단, 다음과 같은 기록건의 정보를 대장에 기재한다.

- 수발신문에 할당된 일련번호
- 수발신문 생산일
- 수령일
- 보안등급
- 발신자명 및 발신기관명
- 발신자가 언급한 참고사항
- 수발신문의 주제
- 첨부물의 번호와 특성

> *접수문을 취급하는 기본절차는 담당자가 누구이든 상관없이 동일하다.*

이 단계에서, 첨부된 귀중품이나 증권 등 미배서(未背書)된 어음(original documents)을 송금대장이나 귀중품대장에 기재한다. 도표 17을 참고하라.

연번	접수일	송금자 성명	금액	수표인 경우		송금처리담당자 성명과 서명
				은행코드	수표번호	

송금대장 서식 일련번호_____

주의사항 : 수정할 때는 지우지 말고 삭선을 그어 처리하시오

도표 17: 송금대장

기록철을 통제단위로 하는 체계에서 내부 등록부를 운영하지 않더라도 회계와 결산을 위해 송금대장은 유지한다.

접수문의 주제가 정해지면 해당 기록철(신규기록철이든, 기존 기록철이든)에 기록건을 두고 적절한 회람표시를 한다. 접수문을 편철하기 전에 지시사항을 확인하기 위해 선임관리자가 선람하기도 한다. 이에 대해서는 아래에서 다룬다.

그러고 나서, 등록부에 다음 정보를 추가한다.

- 수발신문을 편철할 기록철의 참조번호
- 수발신문을 배부할 업무부서나 업무담당자명

동시에, 기록철 표지에 있는 회람서식(circulation ladder)을 작성하고 기록실에서 유지해야 하는 기록철 인수인계사항이나 관리기록(transit record)을 최근 상황으로 관리한다.

수발신문의 등록부는, 검색도구(finding aids)로 지속적인 가치를 갖고 또 부분적으로는 조직 활동의 특성과 수준을 개괄하는데 이용되므로 영구보존한다.

② 전산화된 등록부

앞서 언급한 바와 같은 실무체계를 이제는 근거리통신망(LANs)이나 단일 컴퓨터체계에 기반을 둔 자동화된 시스템으로 대체할 수 있다. 이러한 시스템에서 최신 상황을 전자적인 형태의 등록부로 관리한다.

전자정보시스템에 대한 더 많은 정보는 『기록물 서비스 자동화(Automating Records Services)』를 참고하라

(2) 수발신문 회람(Circulation of Correspondence)

가능한 한 모든 곳에서는, 접수문을 관련 기록철을 지정하여 처리하고 미리 정해진 경로에 따라 회람한다.

기록관리부서에는 고도로 숙련된 기록담당자가 배치되어, 이들이 접수문 취급부서나 담당자가 부딪히게 되는 사안을 대부분 결정한다. 새로운 수발신문은 곧 해당 기록철에 넣어져 관련 업무담당자에게 배부된다. 그러나 몇몇 체계에서는 수발신문을 '회람기록철'에 넣어 선임관리자나 직원에게 먼저 전달하고 이후 기록실에서 반납받아 편철한다. 각 아이템에 지시된 대로 업무담당자에게 배부한다.

회람은 '위에서 아래로의 방식(top down)'과 '아래에서 위로의 방식(bottom up)'이 있다. '위에서 아래로의 방식'에서는 업무부서의 선임관리자에게 대체로 하루에 한두 번 수발신문을 전달한다. 관리자가 처리행위와 담당직원을 기재하고 결재하고 나면 회신초안이 작성된다. 이러한 체계에서는 모든 수발신문이 부서에서 지체될 잠재성이 농후하고 종종 처리속도가 느리게 진행된다.

'아래에서 위로의 방식'에서 수발신문은 곧장 해당 업무담당자에게 전달되고 담당자는 회신내용을 기초하여 선임자에게 제출, 결재를 받는다. 이러한 '아래에서 위로의 방식'으로 업무를 신속히 진행한다.

수발신문을 선임관리자가 먼저 회람하거나 적당한 업무담당자에게 곧장 전달한다.

업무담당자와 결재권자 사이에 있는 모든 중간검토를 거치지 않고 수발신문을 처리하면, 행위(action)에 속도가 붙을 수 있다. 의사결정에 직접 기여하지 않는 여타 관리자는 무슨 일이 일어나는지 알 필요가 있으나 정보차원에서 기록건의 사본을 공람하는 것만으로도 충분하다.

[연습 37]

독자가 소속된 조직에서는 어떻게 접수문을 수령하여 처리하고 회람하고 편철하는가? 간단히 기술하고 절차상 개선이 필요한 사항 최소 네 가지를 작성하라

---

4. 시행문과 여타 내부 기록건의 작성(Preparing Outward Correspondence and Other Internally Generated Documents)

결재받은 시행문(접수문을 회신하는 것이든, 아니면 새로 조직에서 생산한 것이든)과 여타 내부 기록건은 지침에 따라 타이핑 담당자에게 전달된다.

시행문과 여타 내부 기록건을 작성하기 위해 업무담당자와 키보드 오퍼레이터(비서, 타이피스트, 워드프로세서나 자동화 체계에서의 컴퓨터 운영자를 포함함. 이는 업무담당자 자신이 될 수도 있음) 양자 모두의 역할을 지침에 반영한다. 지침에는 다음과 같은 요점이 들어있어야 한다.

- 전달하는 내용을 깨끗이, 조심스럽게 타이핑해야 한다.
  명칭, 기술(technical)용어, 여타 평이하지 않은 단어의 철자에 특히 주의함
- 키보드 오퍼레이터에게 제공되는 정보는 다음과 같다
  · 수신자의 이름과 주소
  · 보안등급이나 비공개 표시
  · 조직과 수신자의 기록철 참고

- 지정된 서명자(일반적으로 '아래에서 위로의 방식'에서는 업무담당자, '위에서 아래로의 방식'에서는 결재자)
- 필요한 사본 수
• 시행문을 작성할 때 키보드 오퍼레이터는 조직의 주소 등이 인쇄되어 있는 종이(컴퓨터에 '일정한 표 형식'으로 작성되어 있을 것임)를 사용하고, 형식(style), 출력본, 날자 작성 기준을 따라야 한다

타이핑 된 문서를 서명된 접수문, 내부회의록, 초안, 관련 기록철과 함께 기록실로 전달한다. 모든 내부 기록건의 사본도 수령하여 편철한다.

컴퓨터나 워드프로세서 시스템을 사용하여, 업무담당자가 자신의 시행문이나 여타 내부 기록건을 작성하면 보다 효율적이고 경제적이다. 이때 업무담당자는 키보드 오퍼레이터가 기초한 형식이나 양식과 관련한 동일 규정에 따라 문서를 작성하여 그 품질이나 일관성을 유지한다.

> 모든 내부 기록건의 참조물을 편철한다.

(1) 시행문과 여타 내부 기록건의 등록

개별 기록건을 통제하는 기록실담당자는 시행문과 여타 내부 기록건의 상세사항을 등록한다.

시행문은 별도의 문서발송대장이나 발신등록부(도표 18 참조) 또는 수발신문등록부에 등록한다. 후자의 경우 일반적으로 왼편에는 접수문에 대한 정보를 기재하고, 시행문에 대한 정보는 접수문을 등록한 반대쪽인 오른편에 기재한다. 그러나 수신과 발신이라는 두 가지 과제를 분명히 구별하여 잘못 등록하지 않으려면 등록부를 두 개로 운영하는 것이 좋다. 문서발송대장도 문서접수대장과 마찬가지로 장정(裝幀)하거나 낱장으로 된 장부형태로 미리 인쇄된 것도 있다.

다음과 같은 시행문의 정보를 등록한다.

- 수발신문에 할당된 일련번호
- 기록건발송대장6)을 별도로 사용하면 접수문에 상호참조를 두고, 시행문의 상호참조를 접수 기록건 등록부에 기재한다.
- 수발신문 작성일
- 발송일
- 보안등급
- 수신자명과 수신기관 및 부서명
- 주요 기록철 참조번호
- 사본을 둔 여타 기록철의 참조번호
- 필요한 경우, 수발신문의 주제
- 첨부물의 수와 특성
- 발송방법

기록건발송대장

연번	발송기록건 접수일자	발송 일자	기록건명	기록건 번호	기록건 수령인명	발송 방법

도표 18 : 기록건발송대장

　기록철을 기본통제 단위로 하는 체계의 경우 이러한 유형의 세부적인 등록부를 운영하지 않지만, 회계, 결산을 위해 우편발송 기록을 관리할 때는 필요할 수 있다.

　수발신문을 인편으로 전달하는 곳에서는 전송자가 전달한 기록건을 모두 등록하고, 접수

---

6) [역자주] 이미 발간된 MPSR 번역서의 문서발송대장과 같음

자는 인편사송장부에 서명하여 별도 관리한다.[7]

(2) 수발신문 편철(Filing Correspondence)

행위가 종결되면, 기록실에서는 기록철이 반환되었는지 사안과 관련한 모든 기록건이 실무기준에 따라 편철되었는지를 확인할 책임이 있다. 또한 이 시점에 기록철 인수인계기록도 최신 상황으로 정리한다.

[연습 38]

독자가 소속된 조직에서는 어떻게 발신문과 내부 기록건을 접수, 취급, 회람, 편철하는가? 간단히 기술하고 절차상 개선해야 하는 행위를 네 가지 이상 제안하라.

---

5. 선임관리자의 수발신문(Senior Officers' Correspondence)

장관이나 선임관리자가 수신 또는 시행하는 기록건은 특별히 정리한다. 가능한 한, 그러한 모든 수발신문도 표준방식으로 등록, 편철한다. 이를 실행하지 않는 곳에서는 부속실에서 등록하고 편철체계를 유지한다. 이는 조직의 집중체계와 병행되는 것으로 비록 물리적으로는 별개로 운영되더라도 조직의 집중체계의 한 부분으로 기록관리자가 일반적으로 개괄하고 통제할 수 있어야 한다.

또한, (대외비, 비밀, 일급비밀 등)보안등급이 높은 수발신문도 일반적으로 지침과 달리 운영되어야 할 필요가 있을지도 모른다. 만약 기록실 직원(records officer)이 필요한 보안허가를 받지 못하면, 이러한 수발신문은 수신자만 개봉한다. 그리고 나서, 총괄하는 등록부와 상호 참조하는 별도의 보안등록부에 기재한다. 재차 말하건대, 이러한 절차는 기관의 기록

---
7) [역자주] 인편사송대장(고선미, 『현용기록물관리 : 업무편람』, 진리탐구, 2004, 61쪽 참고)

관리자가 통제하여야 한다.

> *비공개(private) 사무실이나 비밀등록소는 특별한 지역기록실로 간주한다.*

[연습 39]

독자가 소속된 조직에서는 어떻게 장관의 기록이나 보안등급 자료를 접수, 취급, 회람, 편철하는가? 간단히 기술하라. 그리고 절차상 개선되어야 할 점을 적어도 네 가지 이상 제안하라.

요약

제7과에서는 기록건을 개별적으로 취급하는 절차에 대해 소개하였다. 이를 구체적으로 언급하면 다음과 같다:

- 접수문 수령
- 접수문 등록
- 수발신문 회람
- 시행문 및 여타 내부 기록건 작성
- 시행문 및 여타 내부 기록건 등록
- 수발신문 편철
- 내각의 수발신문, 선임관리자의 수발신문, 보안등급 수발신문 취급

학습과제

1. 기록건의 서로 다른 유형을 다섯 가지 이상 서술하라

2. 기록건 관리의 개념을 설명하라

3. 기록건 관리가 왜 중요한가?

4. 일반적으로 수발신문을 접수하고 취급할 때 어떻게 실행하는가?

5. 접수문을 수령하면 어떻게 처리하는가?

6. 기록건을 왜 등록하는가?

7. 기록건 접수등록대장에는 어떤 정보가 들어있어야 하는가?

8. 송금등록대장은 왜 필요한가?

9. 수발신문을 회람할 때 이용되는 두 가지 방법은 무엇인가?

10. 시행문은 어떻게 작성되는가?

11. 시행문과 여타 내부 기록건을 어떻게 등록하고 관리하는가?

12. 기록건 발송대장에는 어떤 정보를 기록하는가?

13. 내각의 기록, 선임관리자의 기록, 보안등급 기록을 특별히 취급해야 하는 이유는 무엇인가?

활동 : 코멘트

[연습 37-39]

과의 말미에 있는 [연습]은 독자가 실무를 검토하고 이 모듈에서 제안하는 사항과 비교할 수 있도록 기획하였다. 독자는 이 연구프로그램을 진행하면서 알게 된 것과 조직의 상황을 조심스럽게 정리하게 될 것이다.

제8과

제8과 기록철 보유와 이용(Maintaining and Using Files)

이 과에서는 기록철을 보유하고 이용하는 과제에 대해 살펴본다. 논의주제는 다음과 같다.

- 서고와 보안
- 기록실의 장비
- 기록철 인지와 검색
- 기록철 회람통제
- 회람사항 기재
- 부서운영
- 매체전환

여기에서 다루는 절차에 대해서는 『현용기록물 관리 업무편람(Managing Current Records: A Procedures Manual)』을 참고하라.

1. 서고와 보안(Storage and Security)

기록실에서는 일반적으로 현용되지 않는 기록철을 보관한다. 집중관리체계에서 기록실은 조직전반을 대상으로 서비스를 하지만 분산관리체계에서는 해당 조직만을 지원한다.

서고와 보안에 대해서는 『기록물 보존(Preserving Records)』에서 더욱 상세히 다루고 있다.

완전히 분산된 체계에서 업무담당자는, 사무실이나 자신이 직접 관리하는 인접 창고에서 임시적이지만 보다 오랫동안 기록철을 보관한다.

장관실이나 조직 선임관리자의 사무실에서는 이러한 일반적인 규정이 적용되지 않을 수도 있다. 이곳에는 보안등급이 높거나 귀중한 문서가 담긴 기록철이 있을 수 있으므로, 별도로 화재 등으로부터 안전한 서고나 금고가 필요할 지도 모른다.

그러나, 어떤 경우이든 조직의 기록관리자는 일반 기록철과 함께 취급 및 보유를 통제한다.

또한, 필수적이거나 결정적인 기록을 안전하게 별도로 정리하고, 외부 소장처(종종 기록관)에서, 전자기록 사본을 백업받아야 한다.

> 재난대비계획에 대해서는 『기록물 보존(Preserving Records)』이나 『비상계획 : 업무편람(Emergencies: A Procedures Manual)』에서 논의하고 있다.

기록실(또는 기록철을 보존하는 여러 곳)에 등록된 것은 곧 통제대상이므로 직원이 없을 때는 기록실을 잠가야 한다. 문은 단단한 것으로 좋은 시건장치를 달아두고 모든 창문에는 셔터나 보안 창살을 설치한다.

화재방지나 소화장비가 있어야 한다. 모든 서고에서는 흡연을 금지하고 흡연 탐지기나 경보기를 도입한다. 소화기도 비치한다. 화재대비 정기훈련을 실시하고 재난복구계획의 적절성을 정기적으로 시험한다.

바닥은 대량의 종이무게를 견딜 수 있을 만큼 견고해야 한다. 기록실은 건물의 아래층에 두되 최하층은 피한다. 왜냐하면 상하수관이 새거나 터지거나 또는 외부의 누수된 물이 흘러들거나 건물 상층부에서 발생한 화재진압에 사용된 물이 흘러넘칠 위험이 높기 때문이다.

기록실 직원·직원에게 필요한 장비·보유할 책임이 있는 기록보관의 적합성에 대한 평가와 유지 및 정기적인 청소 프로그램도 있어야 한다.

> 집중관리하든 분산관리하든 관계없이 기록을 금고나 안전한 장소에 둔다.

(1) 기록실의 장비(Records Office Equipment)

기록철은 안전하게 보관한다. 기록철을 너무 단단히 묶어서 빼내거나 재배치할 때 불편해서는 안 된다. 이를 위해 충분한 보존용기가 있어야 한다. 현용기록철을 보관하는데 필요한 장비는 기록의 양, 이용수준, 보안등급에 따라 결정된다.

기록철을 보존하는 기본적인 방법으로는 두 가지가 있다. 캐비닛 안에 세워서 보관하는 방법(vertical filing)과 선반에 배면이 보이게 보관하는 방법(lateral filing)이다.

수직보관은 보통 서랍 네 개짜리 캐비닛을 사용하는 것으로 규모가 작은 기록실이나 기록철 서고, 대외비나 인사기록, 사무실에서 일시적으로 보관하는 기록철 안전서고에 적합하다. 캐비닛을 다른 것 위에 얹어 두어서는 안 된다; 서랍을 열 때, 캐비닛 맨 윗부분이 떨어져 내릴 수도 있다.

(기록철 캐비닛보다 더 높게) 선반 등에 배면이 보이도록 두는 방법은 자주 이용하는 기록철이 대량인 경우 좋다. 왜냐하면 공간을 최고 50%정도 줄일 수 있고 검색하는 속도는 최고 30%정도 개선할 수 있기 때문이다.

모빌렉을 이용하면 공간을 보다 많이(최고 80%) 줄일 수 있지만 집중적으로 이용되는 주제의 기록철에 대한 검색은 더뎌질 수 있다. 더욱이, 사무실 건물 바닥은 초과중량을 충분히 감당할 만큼 견고하지 않을 수 있다.

> 보관체계는 튼튼하고 경제적이며 안전해야 한다.

여러 자동화된 서고운영 방법과 검색체계를 이용할 수 있다. 회전식 원형 컨베이어(carousels), 컨테이너 피커스(container pickers)나 마이크로 폼을 이용한 컴퓨터 지원검색(Computer Assisted Retrieval) 등이 있으나 그러한 체계를 도입하고 유지하는 데에는 많은 비용이 든다.

　위치를 확인하거나 검색하기 위해서는, 내용물을 재배열할 때마다 최신 라벨을 캐비닛 서랍이나 선반에 깨끗이 붙여야 한다.

　어떤 서고방식을 채택하든 보안등급이나 여타 대외비 기록철을 두는 서고에는 잠금장치가 있어야 한다.

　이러한 서고장비와 더불어, 기록실에는 책상 및 탁자, 소화기, 사무실 소모품, 카드 등 색인함이나 관리서식을 두는 곳도 필요하다. 또한, 자동화된 관리체계를 운영하는 곳에서는 하드웨어, 컴퓨터 소모품이 있어야 하고 장비유지나 서비스 계약도 필요하다.

(2) 보존용기(Containers)

　더 이상 매일 이용하지 않는 준현용 기록철은 선반에 산만하게 보관하기보다는 보존용기에 넣어 둔다. 이를 통해 보다 쉽게 검색하고 마멸을 줄이고 화재나 물로부터 보호한다. 기록 생애주기 가운데 현용단계에서 영구보존에 사용하는 상자까지는 필요하지 않다. 따라서 기록철을 상자에 넣지 않고 단단한 선반 칸막이(shelf dividers)를 촘촘히 두어 기록철을 지탱하여 옆으로 흘러내리거나 손상되지 않도록 하는 것이 만족도는 떨어지나 저렴한 방법이다. 선반 칸막이는 지역별로 만들거나 공급받을 수 있다.

[연습 40]

조직에서 기록을 보존하기 위해 사용하는 여러 가지 방법을 기술하라. 기록보존 개선방안을 네 가지 이상 제시하라.

---

2. 기록철 인지 및 검색(Identifying and Retrieving Files)

기록철을 잘 인지하고 검색하기 위해 시리즈, 하위시리즈, 기록철 번호로 보관한다. 즉, 분류 및 코드부여 체계에서 할당된 순서대로 관리한다. 이미 기술했듯이, 편철 캐비닛, 선반, 상자에는 기록철 내용을 표시하는 라벨을 깨끗이 붙여둔다.

> 기록철을 분류 및 코드부여 순으로 보관한다.

기록철 유형별로 확인할 수 있는 코드도 기록철 배면에 표시한다. 시리즈나 개별 기록철을 인지할 수 있도록 칼라코드를 사용하기도 한다. 그러나 칼라표지가 잘 운영되지 않아 신뢰할 수 없을 때에는 이 체계를 이용해서는 안 된다.

제시된 기록철 보관방식은 '기록철 배면'이 주요하다. 배면에 있는 기록철 코드나 참조번호를 기록철 위쪽 왼편 구석부터 찾는다. 기록철 표지는 아래 도표 19에 예시하고 있다.

기록철 표지에 대해 더 많은 정보는 『현용기록물 관리 : 업무편람(Managing Current Management : A Procedures Manual)』에서 다루고 있다.

	민원담당관실 (office of the head of the civil service)								
	청색 필기구로 맨 위 바깥쪽에 문서번호를 순차적으로 기입. 새로운 시리즈가 시작되는 면에 순차적으로 색인번호를 기입. 여유 공간이 있으면, 마지막 첨부물의 맨 마지막 면이나 다음 면에 색인을 작성하고, 만약 적절한 공간이 없으면 색인목록을 기록철에 삽입.							기록철 번호 PB- Vol		
	기록철명									
번호	인수자	쪽수	인수일자	인수자	쪽수	인수일자	인수자	쪽수	인수일자
							기록철 서고이전승인		
							승인자 서명		승인 일자

도표 19 : 기록철 표지 견본

업무담당자는 앞서 언급한 기록철 표지에 기록철명이나 날짜를 기입한다. 이는 또한 기록철을 배부하는 수신처로 역할한다. 표가 다 채워지면(또는 표지가 손상되면) 새로운 표지를 덧 씌워 고정시키거나 또는 앞 쪽에 추가할 수도 있다.

특정 기록철이 오랫동안 이용되면 상자에 기록철을 담지 않고 운영하여 실수가 생길 수 있다. 그런 경우, 종이가 튀어나오고 라벨로 붙여진 구분자가 캐비닛 안이나 선반에 껴들어가기도 한다. 구분자는 각각의 시리즈나 하위시리즈가 시작되는 곳이나 일정한 간격(기록철 25권 마다)을 보여주기 위해 사용하는 것으로 개별기록철의 위치를 손쉽게 찾을 수 있도록 돕는다. 또한 기록철이 흘러내리는 것을 방지하기 위해 사용하기도 한다.

대규모 서고나 분산 서고를 운영할 때, 서고배치계획과 기록철 접근단서(또는 색인)를 관리한다. 기록철 접근단서는 기록철관리서식이나 기록철 장부(file dockets)에 주석을 다는 형태이다.

3. 기록철 회람통제(Controlling File Circulation)

기록실 외부로 기록철을 인수인계하는 사항을 발생과 동시에 통제한다. 이를 위해 규정과 절차를 만들어 폭넓게 배포하고 강제한다. 업무담당자나 기록철 이용자의 협력여부는 기록철의 인수인계가 얼마만큼 정확하고 신뢰할 만한가에 달려있다.

규정과 절차에는 다음 사항을 명시한다.

- 기록철의 접근 및 이용자의 권한을 관리한다.
    특정 범주의 기록철 접근을 특별히 제한함(비밀기록철, 대외비기록철. 인사기록철 포함)
- 기록철 회람을 기록하는 방법과 서식을 최신 정보로 확실히 관리한다.
- 기록철을 기록실을 경유하여 전달하든 업무자간에 직접 전달하든 그 시점을 확인한다.
- 업무담당자가 기록철을 반환하지 않고 보유하는 기간을 확인한다.

(1) 회람사항 기재(Documenting Circulation)

기록실에서는 항상 관리대상 기록철의 소장위치를 효과적으로 파악하기 위해 전산으로 운영하거나 수작업으로 처리한다.

기록철 회람을 수작업으로 통제하는 체계에서는 기록철관리서식을 최소한으로 유지하고, 전산으로 운영할 때는 기록철요청서, 이용서식, 기록철 인수인계서를 포함시킨다.

> 기록실에서는 모든 관리대상 기록철의 소장위치를 파악할 수 있어야 한다.

① 기록철관리서식(File Transit Sheet)

기록철관리서식('조회카드'라고도 함)은 기록철을 새로 생산할 때 철별로 작성한다. 도표 20을 참고하라.

> 기록철관리서식의 이용에 대해서는 『현용기록물 관리 : 업무편람(Managing Current Management : A Procedures Manual)』에서 더욱 상세히 다룬다.

기록철관리서식은 낱장형태로 기록철관리대장에 기록철 코드 등 알파벳-숫자조합 순으로 배열하여 쉽게 운영한다. 기록실에서는 신설된 모든 기록철의 소장위치를 항상 인지할 수 있어야 한다. 기록실에서는 효과적이고 신뢰할 만한 서비스를 제공하기 위해 모든 기록철의 인수인계사항을 즉시 기록한다.

기록철이 종결되면 기록실에서는 해당 관리서식에 기재한다. 기록철을 폐기하거나 기록관 또는 보존기록관리기관으로 이관하면 이 사실도 서식에 기재하여 더 이상 보유하지 않는 기록철을 대장으로 관리한다. 이렇듯 기록철의 처리사항을 기록한 서식을 보존한다.

보안등급 (필요시 상향조정)	기록철번호		
기록철명			
표제			

기존 기록철 번호				후속 기록철 번호			
인수자	인수일자	인수자	인수일자	인수자	인수일자	인수자	인수일자

도표 20 : 기록철관리서식

② **기록철요청서(File Request Form)**

　기록실에서는 접수한 기록건과 관련하여 기록철을 업무담당자에게 전달하거나 특정 기록철을 적시하여 요구할 때 해당 기록철을 반출한다. 개인용도에 따라 전신(또는 전산시스템), '대출예약(bring-up)'(아래에서 설명함)이나 기록철요청서(도표 21에 예시함)를 작성하여 기록을 요청한다. 기록철요청서는 기록철 인수인계서식과 연계된다(아래 참고).

```
                    기록철요청서(File Request Form)

    (기록철을 신청할 때는 이 양식을 채워 기록실로 보내시오.)

     기록철 번호 : _____

     기록철명 : _____
     _____
     _____

     신청자/인계자 : _____
     _____ _____
     _____

     위치 : _____
     _____
     _____

     일자 : _____        서명 : _____
```

도표 21 : 기록철 요청서

③ 대출된 문서의 관리카드(In-Use Sheet or Car)

이 서식은 기록실에서 작성하여 선반이나 편철 캐비닛에서 기록철을 빼낸 자리에 둔다. 기록철이 제자리에 있을 때는 기록철에 넣어두고 대출되었을 때는 해당 위치에 기록철을 대신하여 넣어둔다. 또는 가장 최근 일자의 기록철요청서나 기록철인수인계서(도표 22 참고) 사본을 이용할 수도 있다.

기록철 인수인계 카드(File Movement Slip) 장기간 기록철을 인수인계하는 경우 이용하시오 (기록철을 다른 담당자에게 넘길 때에는 이 서식을 작성하여 기록실로 보내주세요. 기록을 기록실에서 정확하게 관리하기 위해 필요합니다.) 기록철번호	
기록철명	
인계자	
위치	
일자	
서명	

도표 22 : 기록철 인수인계 카드

또 대출된 기록철의 관리서식을 일반적인 크기의 낱장 종이로 만들고, 선반이나 서랍에서 기록철을 빼낸 자리에 한 장을 두는 방법도 있다. 서식 항목에 신청정보를 기입한다. 기록철 번호, 기록철명, 기록철 수령자의 인명과 위치. 기록철이 반납되면 횡선을 그어 관련 사항을 종결짓는다. 카드는 여러 번 재사용하여 문구류를 절약할 수 있고 기록철의 내용물과 같이 묶거나 소홀히 다루어 섞일 가능성은 거의 없다.

서식 작성자는 또한 기록철 표지에 새 수령자의 성명을 기입한다. 기록실에서는 기록철 인수인계서식을 수령하여 기록철관리서식과 대출된 기록철을 관리하는 서식(있는 경우)에 부기(附記)한다. 이미 기술하였듯이, 기록철인수인계서는 기록철요청서와 연계하여 관리한다.

> *기록철의 인수인계사항을 추적하기 위해, 기록철인수인계서나 기타 서식을 정확하고 완벽하게 작성하는 것은 중요하다.*

기록철 이용자가 정확한 기록철 인수인계 기록의 중요성을 인지해야 지속적으로 기록철 인수인계 카드를 이용할 수 있다.

기록철 인수인계서식에 대해서는 『현용기록물 관리 : 업무편람(Managing Current Records: A Procedures Manual)』에서 더욱 상세히 다루고 있다.

기록철을 일단락 지을 때, 최종 업무담당자는 기록철 표지에 기록실을 수령처로 기입하여 기록철을 반납한다. 기록실에서는 반납된 기록철을 관리서식에 기록한다. 해당 기록철의 서가위치에 있던 대출관리 서식을 빼내고 그곳에 다시 기록철을 넣은 후 기록철요청서와 기록철인수인계서식(대출관리 서식대신 이용되는 복본)을 폐기한다.

전산관리체계에서도 동일한 절차로 운영되지만 개별 단계는 일반적으로 온라인을 통해 데이터베이스로 구성될 것이라는 점을 명심하라. 다만, 기록철 표지에 있는 표에 기재하고 컴퓨터로 출력한 대출관리 서식을 기록철이 있던 서가에 대신 두고 기록철이 반납되면 이를 검색하는 물리적인 활동을 계속 수행한다.

[연습 41]

독자의 조직에서는 기록을 어떻게 확인하고 검색하고 회람하는가? 어떤 서식이나 체계를 이용하는가? 그러한 절차를 개선하는 활동으로 최소한 4 가지를 제안할 수 있는가?

---

4. 부서운영(Housekeeping)

기록실에서는 현용기록 체계를 유지하기 위해 다음과 같은 운영활동을 한다.

- 기록철 점검
- 망실기록철 추적
- 중요기록철 상기

(1) 기록철 점검(Conducting File Censuses)

정기적으로 기록철을 점검한다. 기록철 인수인계 기록의 정확성에 의심이 가는 체계에서는 일주일 또는 이주일에 한번 정도 점검할 필요가 있다. 기록실담당자가 업무담당자와 협력하여 기록철점검서(도표 23 참고)를 작성하면 보다 완벽하고 정확한 점검이 이뤄질 수 있지만, 각 업무담당자에게 점검서를 작성하도록 요청한다. 이 때, 점검자료와 서고 안에 있는 기록철을 기록실에서 자체 점검한 것과 비교한다. 일치하지 않는 점이 있으면 조사한다.

(2) 망실기록철 추적(Tracing Missing Files)

수상한 기록철을 발견하면, 조사를 시작하기에 앞서 마지막으로 기록철을 갖고 있었던 업무담당자에게 책임을 묻는다. 조사에서 확인되지 않으면, 모든 업무담당자에게 공지하고 기록철의 소장 여부를 확인한다. 이러한 요청도 성공하지 못하면, 조직전체를 물리적으로 조사한다.

기록철을 잃어버리면, 대출서식(charge-out document)에 '기록철 망실'이라고 기입하고 임시기록철을 (기록철 망실이라고 명확히 표시하여) 만들어 원래 기록철을 발견할 때까지 기록건을 편철한다. 원래 기록철이 확보되면, 임시기록철을 통합한다.

> 망실기록철의 최근 목록은 기록철로 유지한다.

기록철번호	기록철 명	소재/담당자

일시_____

기록철점검서(File Census Form)

서명_____

도표 23 : 기록철점검서

(3) 기록철 반납촉구(Recalling Outstanding Files)

승인된 기간보다 더 오랫동안 업무담당자가 기록철을 대출하고 반납하지 않을 때 기록실에서는 기록철 반납촉구나 추적공지를 보낸다. 이때 업무담당자는 기록철을 기록실에 반납하거나 또는 현업에 계속 필요하다는 것을 확인받아야 한다.

기록실에서는, 업무담당자가 장래 기록철이 재차 필요할 것을 예상하여 계속 보유하고자 하는 것을 방지하기 위해서 '대출예약' 제도를 운영한다. '대출예약' 제도는 '향후대출(bring-forward)'제도, '재인증(re-submit)'제도라고도 한다. 업무담당자는 기록철을 기록실에 반납하고 다시 대출하고자 하는 날짜를 구체적으로 밝힌다.

대출예약은 업무담당자가 기록철을 기록실에 반납하면서 대출예약을 요청하는 시점에 시작된다. 대출예약을 요청할 때에는 기록철의 상세사항과 업무담당자가 대출받을 날짜를 제시한다.

기록실에서는 요청서를 접수하여 대출예약 일지(BU diary)에 기입한다. 이 일지는 책상위에 얹어 두는 일지형태일 수 있다. 업무담당자는 기록철을 반납하면서 재대출의 필요성을 확인받아 기록철을 보유하거나 대출한다.

대출예약제도와 대출예약 일지에 대해서는 『현용기록물 관리: 업무편람(Managing Current Records : A Procedures Manual)』에서 다루고 있다.

[연습 42]
조직에서는 망실된 기록을 어떻게 추적하는가? 어떤 서식이나 제도를 활용하는가? 그러한 절차를 개선할 수 있는 방안을 네 가지 이상 제안할 수 있는가

---

5. 기록사본 제작(Copying Records)

경우에 따라서는, 현용기록의 사본을 만든다. 사본을 제작할 때는 목적과 비용대비 효과를 조심스럽게 고려한다.

사본제작은 현용기록의 접근성을 높이고 정보를 보급하는 가치있는 과정이다. 또한 보존을 위해서 사본을 제작하고 복제하기도 한다. 즉, 기록이 손상되거나 열화 되지 않도록 물리적으로 보호하는 절차와 작업이다. 사본관리는 과도하게 사본을 제작하거나 기록건이 급증

하는 것을 막기 위한 것으로, 조직의 기록관리체계를 구성하는 중요한 요소이다.

기록관리자는 다양한 방법으로 사본을 제작하여 활용할 수 있다.

- 복사(사진이나 하드카피)
- 마이크로 폼 복제
- 디지털 복제

(1) 복사(Electrostatic Copies)

복사(사진이나 하드카피)는 사무실에서 생산할 수 있는 가장 손쉬운 복제유형이다. 이는 개별 기록건의 복본을 단시간에 제작하는데 적당하다.

사진을 생산하는 장비는 단순한 것부터 복잡한 것까지 다양하다. 최고의 복사기는 일반 종이에 출력하는 것이고 특별한 화학약품이 들어가지 않는다. 적합한 장비를 보유하고 합당한 재료를 이용하여 제작한 사본은 궁극적으로 보존된다.

> *종종 원본과 구분되기 어렵기 때문에, 특히 법적 증거능력(admissibility) 이 문제되는 곳에서는 '사본(COPY)' 이라고 도장을 찍어둔다.*

(2) 마이크로 폼(Microforms)

마이크로 폼(롤 마이크로필름이나 마이크로피쉬)은 여러 기록건(완벽한 기록철이나 전체 시리즈)을 복제하는데 보다 적합하다.

마이크로 폼을 생산하는데 필요한 장비는 복잡하고 고가(高價)이다. 이러한 장비는 숙련된 운영자가 다뤄야 한다. 특수한 마이크로필름이나 마이크로피쉬 판독기도 마이크로 폼을 읽는데 필요하다.

마이크로필름 제작과 관련하여 포괄적인 국제표준이 있다. 그에 따라, 마이크로 폼은 적합하게 촬영하고 은-젤라틴 재질로 처리하여 보존환경에서 관리하고 주의하여 취급하면 매우 안정적이고 오랫동안 보유할 수 있다.

(3) 디지털 복제(Digital Copies)

기록이미지를 광디스크에 디지털 형태로 전환하여 전자적으로 취급하고 검색하는 곳에서, 기록이미지처리(Document Image Processing)라고 불리는 과정을 통해 디지털 사본을 생산한다.

이러한 처리과정은 광학식 문자판독(光學式 文字判讀 Optical Character Recognition)과 구별된다. OCR은 텍스트의 개별 문자를 컴퓨터 처리에 맞게 표준 전자코드(보통 ASCⅡ)로 전환하는 것으로, 원 기록의 이미지를 재생산하는 것은 아니다.

기록이미지처리(DIP) 시스템을 운용하는데 필요한 장비는 고가이고 아직 그 분야에 대한 적합한 국제표준은 없다. DIP 시스템은 사무와 업무흐름을 자동화하는데 매우 가치있는 것으로 보인다. 정보접근성은 마이크로 폼 형식보다 높다. 그러나 정보가 많고 자주 접근하지만, 속도는 결정적이지 않은 경우 마이크로 폼이 비용 면에서 보다 효과적일 듯하다.

반대로 전자적인 형태로 생산, 보유하는 정보는 출력할 수 있다. 출력물은 저급 컴퓨터용지에 도트 프린터로 출력한 것부터 영구보존 용지에 잉크젯이나 레이저 프린트로 출력한 것까지 품질에 차이가 있다. 또한 마이크로필름을 카메라로 촬영하지 않고 컴퓨터로 출력하는 전자적인 정보(Computer Output Microform)를 생산할 수도 있다.

디지털화의 문제는 『전자기록물 관리(Managing Electronic Records)』 와 『기록물 서비스 자동화(Automating Records and Archives Services)』 에서 보다 상세히 다루고 있다.

(4) 복제하는 이유(Reasons for Copying)

사본을 제작할 때는 그 적합성과 더불어, 매체전환(conversion)으로 어떤 서비스를 할 것인지, 비용 면에서 타당한지를 고려한다.

복제하는 목적은 다음과 같으며, 모두 해당될 수도 있고 일부분만 해당될 수도 있고 서로 관련될 수도 있다:

- 서고문제 해결
- 기록보안과 보존
- 분산관리되는 기록의 이용편의성

(5) 서고공간의 감축을 위한 매체전환(Conversion for Storage Purposes)

조직의 서고문제 해결책으로, 많은 장비 생산자와 공급자는 기록을 마이크로필름으로 복제하거나 이미지를 처리하고 원래 기록건을 폐기하도록 제안한다.

이러한 제안은 신중히 검토해야 한다. 기록을 적시에 적합하게 평가하고 처리하는 절차와 외부 서고 등에서 준현용기록을 모범적으로 관리하는 것과 마이크로필름 사본제작을 비용 면에서 비교하면 마이크로필름으로 제작하는 것이 저렴하다.

> *서고문제를 해결하고자 기록을 다른 형태로 전환할 때는 비용 면에서 효과적이어야만 하고, 결과적으로 매체에 수록된 기록이나 정보가 손상되거나 오염되지 않아야 한다.*

공간을 절감하기 위해서 기록을 매체전환할 때는 여러 가지를 고려한다. 고려사항으로는 다음과 같은 것이 있다.

- *마이크로필름 제작이나 이미지처리 비용*
  여기에는 장비, 자료, 인력 뿐만 아니라 서고, 보유, 검색비용이 포함됨
- *기록의 속성*
  표준크기의 기록건이 아니면, 흑백이나 칼라 필름으로 제작하고 스캐닝하는 과정이 더디고 단위비용이 높아지는 데 반해 사본의 질이 떨어진다.
- *원본 보존의 법적 필요성*
  영구보존할 가치, 법무상 필요할 것으로 예상되는 내용, 원본만이 증거로 인정되는

경우, 폐기는 선택사항이 아님. 즉 절감만이 결론은 아님.

(6) 보안이나 보존목적에 따른 매체전환(Conversion for Security or Preservation Purposes)

필수기록의 보안을 위한 마이크로필름 제작이나 전자기록의 백업은 원본과 거기에 담긴 정보가 손상되지 않도록 할 수 있는 방식이다.

보안대상 기록의 사본은 재난으로부터 기록을 확실히 보호하기 위해 원본과 별도로 서고 관리를 한다.

기록건의 보존용 사본은 조직 내 지속적인 가치를 갖거나 잠재적인 이용에 대비하기 위한 영구보존 가치를 갖는 동안 확실히 남겨둔다. 보존용 사본을 제작하는 이유는 다음과 같다.

- *사본제작으로 기록건이 손상됨*
  향후 원본을 대신하여 복사기나 마이크로 장비로 사본을 만들기 위한 사본(또는 대용)을 둠
- *바래지거나 열화되는 기록의 사본을 제작함*
  팩스문은 이미지가 곧 바래지므로 사본이나 코팅종이로 사본을 제작하는 것이 현명함
- *전자문서 출력*
  전자메일을 포함한 전자기록을 오랫동안 확실히 보호하지 못하는 곳에서는 이를 출력하여 관련 종이기록철에 편철함. 오랫동안, 전자적인 편철체계가 기록관리 요구사항 전반에 부합하고 전자문서가 법석으로 용인될 때, 매체전환은 필요하지 않음
- *유포하기 위한 사본제작*
  다른 곳에 있는 기록을 동시에 이용하기 위해 사본을 제작할 수 있음. 그러한 사본을 제작하면 원본을 보호할 수 있고 의사결정과 집행의 효율성과 속도를 개선할 수 있음. 기록의 종이사본, 마이크로필름 사본, 전자형태의 사본을 만들어 배포함

> *만약 사본제작이나 매체전환의 품질을 높게 유지할 수 있다면 보안이나 보존을 목적으로 기록을 여타 형태로 전환하여 정보의 생애를 연장할 수 있다.*

> **[연습 43]**
>
> 기록의 사본을 언제 제작하는가? 어떤 기준에서 사본의 제작을 결정하는가? 정례화된 절차가 있는가? 있다면, 절차를 기술하고 이를 개선할 수 있는 4가지 방안을 제안하라.

요약

제8과에서는 기록철의 보유와 이용에 관한 문제를 검토하였다. 절차를 마련할 때는 다음 사항을 고려한다.

- 서고 및 보안
- 기록실의 장비
- 기록철 인지와 검색
- 기록철 회람통제와 관리서식 운영
- 부서운영
- 매체전환

학습과제

1. 기록을 서고에서 관리할 때 어떤 장비가 좋은가?

2. 서가 등 보존용기에는 왜 깨끗하게 라벨을 붙여야 하는가?

3. 대외비 및 비밀기록 서고는 어떻게 운영하는가?

4. 기록실에서는 서고장비 이외에 무엇이 더 필요한가?

5. 준현용기록철을 낱권으로 선반에 보존하지 않고 왜 보존용기에 보존하는가?

6. 기록철을 잘 검색하기 위해서는 어떻게 관리해야 하는가?

7. 기록철 표지에는 어떤 정보가 있어야 하는가?

8. 기록철 회람을 통제하기 위해서는 어떤 규정이 있어야 하는가?

9. 기록철관리서식에는 어떤 정보를 기재하는가?

10. 기록철요청서에는 어떤 정보를 기재하는가?

11. 기록철인수인계서에는 어떤 정보를 기재하는가?

12. 기록철 점검의 목적은 무엇인가?

13. 망실기록철을 왜 추적하는가?

14. 망실기록철을 어떻게 추적하는가?

15. 대출기록철의 반납을 어떻게 재촉하는가?

16. 현용기록 사본은 왜 제작하는가?

17. 기록관리자가 이용할 수 있는 사본제작의 절차를 기술하라.

18. 기록을 또 다른 매체로 변환하는 목적은 무엇인가?

19. 기록을 변환할 것인지를 결정할 때 고려할 문제는 어떤 것인가?

활동 : 코멘트

[연습 40-43]

이러한 [연습]은 독자가 독자의 조직실무를 검토하고 이 모듈의 제안과 비교할 수 있도록 설계되었다. 독자는 이러한 연구프로그램을 진행하면서 알게 된 것과 소속조직의 상황을 조심스럽게 정리하여 비교할 수 있을 것이다.

제9과

제9과 이제 무엇을 할 것인가?(What to Do Next?)

이 모듈에서는 현용기록을 조직하고 통제하는 원리와 실무에 주안점을 두고, 다음과 같은 주제를 다루고 있다.

- 기록의 개념, 증거로서의 기록의 중요성과 특질
- 기록관리와 레코드키핑의 일반원리
- 현용기록을 일차적인 수준에서 시리즈로 통제하는 방법
- 현용기록을 이차적인 수준에서 등록, 분류, 색인, 추적하거나 평가, 처리하여 통제하는 방법
- 기록관리체계를 위한 인프라 : 정책, 규정, 책무, 인력, 재원, 여타 필수요건
- 건전한 레코드키핑 체계를 위한 요구조건
- 기록철 분류 및 코드부여 체계
- 기록철의 생산과 통제
- 기록철의 유지와 이용
- 문서관리

1. 우선순위 마련(Establishing Priorities for Action)

이 모듈에서 개괄하고 있는 원리와 실무는 효과적으로 현용기록관리를 모토로 기록관리체계를 수립하거나 개선하는 과정에서 이론적으로나 실무적으로 뛰어난 기초가 된다. 독자

의 조직에서 체계를 개선하고자 할 때, 가장 먼저 무엇을 해야 하는가? 각각의 상황은 다를 수 있다. 어떤 경우에는 전체 기록관리체계를 완전히 재구성해야 할 수도 있고, 또 어떤 경우에는 잘 운영되지 않는 특정부분만 개선할 수도 있다.

> **[연습 44]**
> 독자는, 이 모듈에서 기록관리에 대한 여러 가지 권고안을 실행하거나 더 많이 연구하기 위해 우선순위를 마련하였는가? 가장 먼저 무엇을 할 것인가? 그 다음에는? 그 이유는?

좀 더 폭넓은 권고안을 제시할 수 있다. 첫 번째 단계로 선임관리자의 지원을 받을 수 있는 활동계획을 수립한다. 이어지는 단계에 따라 연상되는 다음과 같은 우선순위 목록을 심사숙고하라. 몇몇 개괄된 활동은 겹치거나 동시에 발생할 수도 있다.

(1) 우선순위 1: 현실분석(Priority 1: Assess the Current Situation)

현용기록관리체계의 인프라를 고려하여 그 강점과 약점을 인지한다. 완전히 재구성하는 경우, 다음과 같은 질문을 고려한다.

- 법규체계가 어떠한가, 비정부조직의 경우에는 정책기조가 어떠한가? 예를 들어 규정에서 모든 범주의 기록을 대상으로 하고 있는가? 기록의 생애주기 전반을 명시하고 있는가?

- 기록관리를 책임지는 부서는 기록관리에 대한 협력적인 정책과 실무를 이끌만한 충분한 권한을 갖고 있는가? 조직의 집행부서와 직접적으로 연결되며, 전문적인 기술과 지원을 제공하는가?

- 기록담당자의 역량이 충분한가? 그들은 적절한 훈련을 받았는가? 그렇지 않다면, 어떤 교육이 필요한가? 새로운 업무편람이나 기준자료가 필요한가?

- 사무실이나 서고설비가 적절한가? 안전하고 잘 유지되는가? 장비나 소모품이 충분히

비치되어 있는가? 기록실이나 그 기능을 효과적으로 수행하는 부서로 운영하기에 재원이 충분한가?

- 조직에서 기록관리를 높은 우선순위에 두고 신중하게 다루고 있는가? 그렇지 않다면, 기록관리를 '팔기(sell)'위해 실무이익을 설명할 수 있는 우수한 프로그램을 마련해야 하는가?

(2) 우선순위 2: 필요분석 수행(Priority 2: Conduct a Needs Analysis)

이 단계는 우선순위 1의 영역이다. 변화에 대한 필요는 무엇인가? 여러 가지 이유로 변화가 요구될 수 있다: 기록체계 개선에 대한 조직의 새로운 인식; 변화하거나 개선해야 할 부수적인(external) 요구사항, 예를 들어, 특정 활동을 기술하거나 특정 기록에 좀 더 쉽게 접근하기 위한 요구사항 등. 변화에 대한 필요는, 새로운 기능이나 활동, 새로운 조직구조나 새로운 정보 요구사항으로 인해 자주 나타난다.

새로운 기록관리체계를 설계하고 도입하기 전에, 인지된 필요를 분석하고 이해한다. '요구분석' 범주는 제시된 주제나 문제의 범주와 관련된다. 가장 넓은 범주에서 보면, 조직 전체의 기록관리 프로그램과 정책을 파악하는 것이 필요하다. 그 목적이나 전반적인 목표는 무엇인가? 새로운 기록관리정책을 정의하고 합의해야 하는가? 만약 기록관리체계의 특정부문만 개선한다면, 그에 부합하는 새로운 요구사항은 무엇인가, 어떻게 완수할 것인가, 그 변화를 어떻게 조직의 업무패턴에 조응시킬 것인가?

필요분석시 고려할 요소는 다음과 같다:

- 요구된 기록관리체계는 적합한 기록을 포착하고 유지하는데 필요한 넓은 의미에서의 절차이다. 예를 들어, 현 활동에 따른, 기능기반 기록철 분류체계; 보다 신뢰할 만한 기록철 및 기록건 조회체계이다. 체계 요구사항을 마련할 때, 관련자(stakeholders)는 목적과 전망을 요구한다.

- 인사 및 조직구성은 인지된 필요에 부합한다.
- 재정지원이나 장비, 서고, 시설 등 필요한 재원을 구비한다.

(3) 우선순위 3: 개선계획(Priority 3: Plan Improvements)

기록실 체계가 붕괴된다면, 완벽한 기록관리체계 재구성 프로그램이 필요하다. 첫 번째 단계에서는 조직의 기능과 활동 및 정보의 흐름을 이해하기 위해 업무체계분석을 한다. 업무담당자가 기록을 생산, 접근, 이용하는 상세한 방법을 분석하고, 기록시리즈, 분류 및 코드부여 체계, 보유 및 처리 요구사항을 이에 기초하여 결정한다.

『업무체계분석(Analysing Business Systems)』에서는 이 주제에 관한 상세한 지침을 제공한다.

재구성할 기록관리체계의 범주를 충분히 확인하려면 폭넓은 배경정보를 수집해야 한다, 기록을 조사하고, 주요 인력 및 관련자를 인터뷰한다.

『현용기록물 체계 재구축: 업무편람(Restructuring Current Records System)』에서는 재구축하는 절차를 단계별로 기술하고 있다.

그러나 현용기록 레코드키핑 체계를 제한적으로 개선하더라도, 새로운 체계와 조직의 업무기능이나 활동에 부합하기 위해서는 기능분석을 계속 수행해야 한다.

(4) 우선순위 4: 통제사항 결정(Priority 4: Determine the Points of Control)

기록을 생산, 접수, 배부, 이용, 처리하는 절차를 레코드키핑 체계로 통제하는 것이 효과적이다. 통제는 기록의 등록, 색인, 기록철 유통과 같은 일련의 서식으로 이뤄진다. 만약 적절하게 또는 효과적으로 통제하지 못하면, 레코드키핑 체계는 붕괴된다. 업무체계분석과 필요를 평가하여, 수집된 정보로 체계를 운영하는 방법이나 적절히 통제할 지점을 결정하는 것이 긴요하다. 예를 들어, 업무담당자는 어떻게 기록철이나 개별 기록건에 접근하는가? 업무자간에 기록철을 주고받는 시점과 새로운 기록철의 위치정보를 어떻게 기록실에 통보하는가?

(5) 우선순위 5: 적합한 레코드키핑 체계선택(Priority 5: Choose an Appropriate Record-keeping System)

기록담당자의 필요를 확인한다. 레코드키핑 체계를 설계하기 전에 정보흐름 경로와 통제지점을 인지한다. 여타 요소로 체계를 선택한다. 여기에서 일찍이 업무체계분석을 통해 수집한 지식을 다시 결정적으로 이용한다. 조직 내 정보의 흐름은 어떠한가? 업무담당자는 어떻게 기록과 기록에 담긴 정보에 접근하는가? 필요한 기록을 확인하고 검색하기 위해 개별 기록건을 등록해야 하는가? 그렇다면 수발신 등록대장과 쪽수를 기입해야 한다. 특정 주제나 활동과 관련되는 모든 기록을 동시에 확인하고 검색하고자 할 때 기록철에 기반을 둔 체계로 충분한가?

새로운 분류 및 코드부여 체계가 **필요하다면**, 조직의 변화에 따른 확장가능성도 예상해야 한다. 예를 들어, 책무를 재조직할 가능성이 있다면, 기능과 관련되는 기록을 쉽게 분리할 수 있는가? 보다 기초적인 수준으로, 분류 및 코드부여 체계의 '규정'에서 논리적이고 유일한 참조번호를 할당하는가?

이 단계에서는 자동화된 체계나 종이체계 또는 혼합체계에서 어떤 해결책을 마련할 것인지 결정한다.

(6) 우선순위 6: 교육과 인지(Priority 6: Training and Awareness)

개선작업을 수행하기 전에, 기록담당자와 이용자는 새로운 체계와 절차에 대해 완전히 공감할 수 있어야 한다. 모든 관련 직원이 새로운 체계와 절차에 익숙하고 필요한 행위를 이해해야 그 체계를 운영할 수 있다. 그러나 새로운 절차의 기술적인 측면에 관한 교육에만 주안점을 두어서는 안 된다. 변화는 항상 환영받지 못한다. 변화의 타당성과 그에 따른 이익을 설명한다. 그렇지 않으면, 직원이 새로운 체계에 전적으로 협력하지 않을 위험성이 있다.

교육 프로그램을 신중히 계획한다. 새로운 편철체계 등 기본적인 변화를 설명하고 모든 기록철 이용자와 논의한다. 이는 새로운 체계를 개괄하고 그러한 체계를 도입하는 타당성이나 업무담당자의 요구사항을 포괄할 수 있는 일련의 세미나를 통해 이뤄진다. 보다 형식을 갖춰 발표하고 질의응답시간을 갖는 것이 실무적으로 유용하다.

기록담당자를 대상으로 하는 교육에서는 새로운 절차를 보다 상세히 다뤄야 한다. 동시에 변화의 맥락과 타당성을 설명한다. 새로운 체계를 밝히는 업무편람을 준비하고, 여타 필수적인 지침자료(책상에 두고 참고하는 지침 등)와 함께 교육프로그램에 활용한다.

2. 관련 기관(Getting Help)[8]

재원이 한정되어 있는 많은 국가기관에서는 기록관리에 필요한 재원을 확보하기가 쉽지 않다. 그러나 독자에게는 더 많은 정보를 얻거나 지원받을 수 있는 곳이 있다. 다음은 독자가 지원을 받고자 접촉할 수 있는 기관과 그 주소이다.

> 기록관리와 관련한 여타 조직과 협회에 대한 정보에 대해서는 『기록관리 참고문헌(Additional Resources for Records and Archives Management)』을 참고하라

(1) 국제조직(International Organisations)

① **국제기록관리자협회(Association of Records Managers and Administrators International. ARMA)**

    4200 Somerset Drive #215
    Prairie Village, KS 66208 USA
    Tel : +1 913 341 3808
    Fax : +1 913 341 3742
    Email : hq@arma.org
    Website : http://www.arma.org/

ARMA는 미국, 캐나다 등 30 여 개 국에서 활동하는 만여 명의 정보관리전문가를 지원하

---

[8] [역자주] 관련 기관의 현주소와 웹사이트 등을 2005년 12월 현재로 수정하였음

는 비영리 단체이다. ARMA 회원에는 기록 및 정보관리자, 경영정보시스템 및 컴퓨터에 의한 자동정보처리 전문가, 이미징 전문가, 아키비스트, 병원행정가, 법무행정가, 사서, 교육자 등이 있다. ARMA의 목적은 정보전문가가 기업의 자산으로 조직발전에 공헌하는 기록이나 정보 및 지식의 가치에 영향을 주는 전문적인 기술과 경험을 이용할 수 있도록 교육, 연구, 네트워크를 제공하는 것이다.

② 호주아키비스트협회(Australian Society of Archivists Inc.)

PO Box 77
Dickson ACT 2602
Australia
Email : ozarch@velocitynet.com.au
Freephone : 1800 622 251
Website : http://www.archivenet.gov.au/asa

ASA는 호주내 아키비스트를 위한 전문단체이다. 이 협회는 호주 내에 아키비스트가 증가하고 보존기록관리 전문기술(archival skills)에 대한 요구가 늘어남에 따라 1975년 구성되었다. 이 협회는 주나 권역별로 선출되어 활동하는 위원회, 지부, 특정 이해집단을 통해 국가적인 차원에서 운영되고 있다.

협회의 목적은 다음과 같다.

- 아키비스트간 전문적인 정체성을 도모한다.
- 보존기록을 물리적으로 보존하고 이용하도록 도모하고, 연구와 모든 기록관리 실무영역의 발전을 진작시킨다.
- 아키비스트간 기록관리 실무와 전문영역에 관한 표준-기록관리 자격이나 전문교육 표준 등을 수립하고 유지한다.
- 연방의 이해와 관심, 여타 조직과 그룹간 협력 등 보존기록의 이용을 고무한다.
- 아키비스트, 아키비스트 단체, 보존기록 이용자 간의 협력과 의사소통을 고무한다.
- 기록관리 전문성에 관한 정보를 간행하여 전파한다.

③ 전자기록과 여타 현용기록에 관한 국제기록관협의회(International Council on Archives Committee on Current Records in Electronic Environment-ICA/CER)

60, rue des Francs-Bourgeois
75003 Paris, France
Tel : +33 0 1 40 27 63 06
Fax : +33 0 1 42 72 20 65
email : ica@ica.org
Website : http://www.ica.org

ICA는 보존기록관리 차원에서 전자기록이나 여타 현용기록의 생산, 보존, 선별, 접근, 취급, 기술, 진정성, 신뢰성에 관한 지침(guidelines and directives)을 연구하고 기초한다. 또한 이 위원회에서는 관련 교육프로그램에 전문적으로 조언하고 이 분야의 방향이나 경험에 변화를 도모한다. ICA는 전 세계 보존기록관리에 관한 주요한 국제기관이다.

④ 국제표준기구(International organisation for Standardization-ISO)

1, rue de Varembé
Case postale 56
CH-1211 Geneva 20, Switzerland
Tel : +41 22 749 01 11
Fax : +41 22 733 34 30
Website : http://www.iso.ch

ISO는 현용기록의 보존에 영향을 미치는 많은 표준을 만든다. 특히 ISO/TC46/ SC11: 정보와 도큐멘테이션: 보존기록과 기록의 관리(Information and Documentation : Archives and Records Management)에 주목하라. 이곳은 기록관리의 국제표준을 기안한다. SC 11사무국에 대한 상세한 사항은 ISO 홈페이지를 참고하라.

⑤ 기록관리협회(Records Management Society-RMS)

Woodside
Coleheath Bottom, Speen
Princes Risborough

Bucks HP27 OSZ, UK
Tel : +44 1494 488599
Fax : +44 1494 488590
Email : bulletin@rms-gb.org.uk
Website : http://www.rms-gb.org.uk

RMS는 기록이나 정보와 관련한 모든 이에게 개방되어 있다. 그들의 전문성이나 조직의 위상 또는 자격여부와 관계없다. 기록이나 정보체계를 개발하여 서비스를 제공하고자 하는 조직을 환영한다. RMS는 자체 교육프로그램을 개발하고 일련의 기술서나 정보서를 간행한다.

[연습 45]

독자의 조직에서 앞서 언급한 기관에 대해 어떤 정보를 갖고 있는지 확인하라. 독자의 조직에서 간행물을 수령하거나 컨퍼런스 등에 참여하는가, 아니면 이러한 그룹과 함께 업무를 진행하는가?

독자의 기관에서 어떤 그룹과 우선적으로 의사소통을 해야 한다고 생각하는가, 또 그러한 의사소통을 통해 무엇을 얻을 수 있다고 생각하는가? 독자는 어떻게 생산적인 관계를 만들어갈 것인가?

---

3. 참고자료(Additional Resources)

현용기록관리에 대해 이용할만한 간행물은 많이 있다. 최신정보를 보다 쉽게 확보할 수 있는 자료도 있다. 오래된 간행물이라도 가치있는 정보를 담고 있는 경우가 있으며 또 아직 전 세계에 널리 보급되지 않은 최신 간행물 보다 특정 국가나 지역의 도서관에서 쉽게 접근할 수 있다. 주요한 간행물에는 '*'를 표시하였다.

기록과 보존기록관리에 대한 주요하거나 개괄적인 간행물과 보다 일반적인 간행물에 대해서는 『기록관리 참고문헌(Additional Resources for Records and Archives Management)』에서 확인할 수 있다.

(1) 교재(Textbook)

기록보존에 관한 입문서는 다음과 같다

    Couture, Carol과 Jean-Yves Rousseau, *The Life of a Document : A Global Approach to Archives and Records Management*. Montreal, CAN: Vehicule Press, 1982.

    Emmerson, P 편. *How to Manage Your Records: A Guide to Effective Practice*. Hemel Hempstead, UK: ICSA Publishing Ltd, 1989.

*   Kennedy, Jay와 Cherry Schauder. *Records Management: A Guide for Students and Practitioners of Records Management*. Melbourne, AUS: Addison, Wesley, Longman 1998.

    Maedke, W 공편. *Information and Records Management*. 3판, Encino, USA: Glencoe Publishing, 1989.

    Penn, Ira A, Grail B Pennix, J Coulson. *Records Management Handbook*, 2판, Aldershot, UK와 Brookfield, US: Gower, 1994. (특정 목적에 따라서는 1989년도 판이 유용할 수도 있음)

    Penn, Ira A, Grail B Pennix, Anne Morddel, Kelvin Smith, *Records Management Handbook*, Aldershot, Hants., UK: Gower, 1989.

*   Robek, Mary F, Gerald F Brown, David O Stephens. *Information and Records Management*. 4판. New York, NY: Glencoe/McGraw-Hill, 1996.

    Wallace, Patricia, Jo Ann Lee, Dexter R Schubert. *Records Management: Integrated Information Systems*. 3판. New York, NY: Prentice-Hall, 1992.

(2) 기타 자료(Other Sources)

Charman, Derek. *Records Surveys and Schedules: A RAMP Study with Guidelines.* (RAMP Study PGI-84/WS/26). Paris, FR: UNESCO, 1984.

Doyle, Murielle와 Andrè Frèniére. *The Preparation of Records Management Handbooks for Government Agencies: A RAMP Study.* (RAMP Study PGI-91/WS/18). Paris, FR: UNESCO, 1991. 유네스코 웹사이트에서 전자적으로 사용할 수 있음

Durance, Cynthia J, 편. *Management of Recorded Information: Converging Disciplines.* München, Germany, KG Saur, 1990.

Duranti, Luciana. *Diplomatics: New Uses for an Old Science.* Metuchen, NJ: Society of American Archivists, Association of Canadian Archivists and Scarecrow Press, 1998.

Gregson, A, 편. Introducing records management. RMC12. London, UK: Society of Archivists, 1991.

International Council on Archives. ISAD(G): *General International Standard Archival Description.* Ottawa, CAN: International Council on Archives, 1994.

Mazikana, Peter C. *Archives and Records Management for Decision Makers: A RAMP Study.* (RAMP Study PGI-90/WS/8). Paris, FR: UNESCO, 1990. 유네스코 웹사이트에서 전자적으로 사용할 수 있음

Morelli, J. 'Building Design, Filing Systems and Records Management.' *Records Management Bulletin* 70(October 1995): 15-16.

Parker, Elizabeth. *Records Management Software Survey*. Issue 4, Princes Risborough, UK: Records Management Society, February 1998.

* Rhoads, James B. *The Role of Archives and Records Management in National Information Systems: A RAMP Study*. (RAMP Study PGI-89/WS/6). Paris, FR: UNESCO, 1989. 유네스코 웹사이트에서 전자적으로 사용할 수 있음

Scott, M. 'Developing RM strategies. Raise the Profile-Don't Go the Way of the Dinosaur.' *Records Management Bulletin* 66(February 1995): 6-8.

Southwood, G. 'Record Creation: The Key to Successful Records Management.' *Records Management Bulletin*, 56(June 1993): 8-12

Standard Australia, *AS 4390 Australian Standard: Records Management. Parts 1-6*. Homebush, NSW, AUS: Standards Association of Australia, 1996.

Thurston, A와 P Cain. 'Speaking a New Language: Advocating Records Management in the Developing World.' *Records Management Bulletin* 72 (February 1996): 11-18

Wallace, Patricia, Jo Ann Lee, Dexter R Schubert. *Records Management: Integrated Information Systems*. 3판. New York, NY: Prentice-Hall, 1992.

Wiggins, B. *Records Management Information. Information Management*. London, UK: Records Management Society, n.d.

Wilson, J. 'The Records Manager as an In-house Consultant.' *Records Management Bulletin* 68(June 1995): 21-22; and 69(August 1995): 15-16

Winterman, Vivienne. 'Records Management Software Survey.' *Records Management Bulletin* 72 (Feb 1996): 23-26. 이는 정기적으로 간행되므로 더 최근 판을 확인하라.

> **[연습 46]**
>
> 독자가 소속된 기관의 도서관이나 자료실을 점검하라. 독자는 현용기록관리에 관한 자료를 갖고 있는가? 앞서 언급한 간행물 목록에서 독자의 기관에서 이용할 수 있는 것은 무엇인가? 있다면, 두 세권을 조사하여 독자의 기관에 정보로서 활용할 만한 가치를 평가하라. 없다면 장서를 개발하거나 확장하는데 유용한 두, 세권을 확인하라. 독자가 현실적으로 사본을 확보할 수 있는 방법을 개괄하여 계획을 입안하라.

요약

이 과에서는 이 모듈 전체를 개괄하고 행위의 우선순위를 수립하는 방법을 논의할 때 그 주요 우선순위를 제안하였다.

- 우선순위 1: 현실분석(Priority 1: Assess the Current Situation)
- 우선순위 2: 필요분석 수행(Priority 2: Conduct a Needs Analysis)
- 우선순위 3: 개선계획(Priority 3: Plan Improvements)
- 우선순위 4: 통제사항 결정(Priority 4: Determine the Points of Control)
- 우선순위 5: 적합한 레코드키핑 체계선택(Priority 5: Choose an Appropriate Record-keeping System)
- 우선순위 6: 교육과 인지(Priority 6: Training and Awareness)

그리고 더 많은 정보를 찾거나 기록과 관련하여 도움을 구할 수 있는 방법을 개괄하고 결론적으로 현용기록관리와 관련한 가치있는 정보자료에 대해 논의하였다.

학습과제

- 이 과에서 제안하고 있는 우선순위의 타당성을 독자 나름대로 설명하라
- 앞서 언급한 기관 가운데 독자가 우선적으로 접촉해야 할 곳을 두 군데 정도 제시하고 그 이유를 설명하라
- 앞서 언급한 간행물 목록에서 독자가 우선적으로 구입해야 할 것을 두 가지 정도 제시하고 그 이유를 설명하라

활동 : 코멘트

[연습 44]

기관의 기록관리 개발단계는 모두 다르다. 비근하게, 모든 사람의 기록 관련 지식수준도 상이하다. 동료를 인지하고 더 복잡한 문헌을 읽기 전에 우선 주요한 자료를 연구하고 기본 원리와 개념에 익숙해지는 것이 중요하다. 동료와 함께 가치있는 여타 문헌을 찾아라. 그리고 전문적인 협회와 연계하여 독자와 독자가 소속된 기관의 시야를 확대하라.

[연습 45]

만약 재원이 한정되어 있다면 국가나 지역의 협회에서 정보를 확보하는 방식과 함께 우선 국제적인 기구와 의견을 교환하는 것이 현명하다. 그래서 가치있는 정보는 국제적인 그룹을 통해 독자가 소속된 조직에 전달될 것이고 이를 통해 모든 정보를 비축할 수 있다. 또한 전문적인 간행물이나 정보를 획득하기 전에 기록관리 정보에 주안점을 두는 것이 타당하다.

[연습 46]

앞서 [연습]과 관련하여 언급하였듯이, 좀 더 특별한 장서를 개발하기 전에 일반적인 정보로 시작하여 입문서나 개괄서로 우수한 장서를 구비하는 것이 중요하다.

색 인 | Managing Legal Records | index

ㄱ~ㅁ

공신력(authority) 20
관련어(related terms) 134
관리서식(control documentation) 11, 98, 99
광의어(broader terms) 134
구조(structure) 23
국제기록관협의회(ICA) 222
국제기록관리자협회(ARMA) 220
국제표준기구(ISO) 222
기능적 분석(fuctional analysis) 45
기록관리(record management) 10
기록관리기관(records and archives institution) 13
기록관리자(records manager) 21, 25, 27, 32
기록관리협회(RMS) 222
기록담당자(records staff) 30
단어(words) 119
대출예약(bring-up) 199
등록(registration) 39, 46
등록소(registry) 26
레코드키핑 체계(record-keeping system) 11
레코드키핑(record-keeping) 33, 39
마이크로 폼(microforms) 206
마이크로필름(microfilm) 206, 207, 208
매체(media) 11
매체전환(media conversion) 208
맥락(context) 19

ㅁ~ㅅ

메타데이터(metadata) 40
기록건(document) 10, 19, 175
기록건 관리(document management) 174, 176
기록건 번호(folio number) 148, 178
기록건이미지(document image) 207
기록실(records office) 13, 83
기록철개요도(file plans) 100
기록철관리카드/기록철관리서식(file transit sheet) 134, 166, 198
기록철등록부(file diaries) 99
기록철색인(file indexing) 134, 137
기록철요청서(file request form) 199, 200
기록철인수인계서(file movement slip) 198
기록철점검서(file censuses form) 203, 204
보안등급(security classification) 144
보존기록관리기관(archival institution) 26
보존소(repositories) 40
부서운영기록[철](housekeeping records, file) 107
분류(classification) 39, 48, 110
분류체계(classification schemes) 39
분산통제(decentralised control) 79, 82, 92
분할 기록철(split file) 148
비현용기록(non-current records) 27
사례기록철(case files) 106, 107
사안(transactions) 18
색인(indexing) 49, 110
색인목록(minute sheet) 148, 196
생애주기(life-cycle) 18
속성(nature) 28
수행측정(performance measurement) 61
승인어(allowed terms) 52,
시리즈(series) 43, 96
시소러스(thesaurus) 155

ㅅ~ㅈ

식별자(identifier) 46
십진체계(decimal systems) 126
아키비스트(archivist) 67
알파벳-숫자 조합체계(alphanumerical systems) 126
업무담당자(officials) 17
업무체계분석(business systems analysis) 44
여러 요소 조합체계(multi-part systems) 126, 127
연번(sequential number) 133
연속기록철(continuation file) 132, 154
연속체(continuum) 15
영구보존기록(archives) 17, 25
영속적인 가치(permanent value) 17
요구사항(requirement) 16, 24, 30, 32
용어(terms) 119
우선어(preferred terms) 134
운영번호 체계(running number systems) 126, 129
운영번호(running number) 133
원질서(original order) 25
인수인계[사항](movement) 53, 54
인프라(infrastructure) 61, 215, 216
일괄번호 체계(block number systems) 126, 129
일괄번호(block number) 126
기록관(records centre) 13
자연어(natural language) 157
전거목록(authority list) 50, 155
정보관리자(information manager) 67
정책기록철(policy files) 106, 107
종료시점(cut-off date) 95
주제(subject / subject matter) 43, 129
주제어 목록(keyword list) 51, 155
주제어 색인(keyword indexing) 94, 122, 123
주제어 코드체계(keyword code system) 122, 126, 130, 131, 132, 137

ㅈ~ㅎ

주제용어(subject term) 127
준현용기록(semi-current records) 26
실제어(substantive language) 157
증거(evidence) 10
지속적인 가치(continuing value) 27
진본(authentic) 22
진정성(authenticity) 22
집중통제(centralised control) 79, 82, 92, 93
집합적 기억(collective memory) 16, 17, 18, 31
집행기록[철](operational records file) 50, 106, 107, 120
참조번호(reference number) 48
처리(disposal) 39, 55
처리일정표(disposal schedule) 55
추적(tracking) 39, 53
출처(provenance) 25
코드부여 체계(coding system) 11
통제어[휘](controlled vocabulary) 120, 122, 130, 133, 134, 137
통제체계(control system) 150, 151, 178, 179
틀(framework) 44, 61, 63, 64, 65, 133
편철체계(filing system) 43
평가(appraisal) 39, 55
폐기(destruction) 55, 56
퐁 존중(respect des fonds) 25
표준어휘(standard vocabulary) 51
필요(needs) 62
필요분석(needs analysis) 61, 62
설명책임[성](accountability) 10
행위(action) 20, 183
행정기록[철](administrative records, file) 50, 96, 106, 117, 129, 135
현용기록(current records) 26
협의어(narrower terms) 134
호주아키비스트협회(ASA) 221
활동(activities) 16, 18